说话的分寸
办事的尺度

滕龙江◎编著

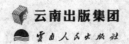
云南出版集团

云南人民出版社

图书在版编目（CIP）数据

　　说话的分寸　办事的尺度／滕龙江编著．－－ 昆明：
云南人民出版社，2020.9
　　ISBN 978-7-222-19481-6

　　Ⅰ．①说… Ⅱ．①滕… Ⅲ．①心理交往－语言艺术－
通俗读物 Ⅳ．① C912.13-49

　　中国版本图书馆 CIP 数据核字 (2020) 第 153438 号

责任编辑：李　洁
装帧设计：周　飞
责任校对：胡元青
责任印制：马文杰

说话的分寸　办事的尺度
SHUOHUA DE FENCUN　BANSHI DE CHIDU
滕龙江 编著

出版　　云南出版集团　云南人民出版社
发行　　云南人民出版社
社址　　昆明市环城西路609号
邮编　　650034
网址　　www.ynpph.com.cn
E-mail　ynrms@sina.com
开本　　880mm×1230mm 1/32
印张　　7
字数　　150千
版次　　2020年9月第1版第1次印刷
印刷　　永清县晔盛亚胶印有限公司
书号　　ISBN 978-7-222-19481-6
定价　　38.00元

如有图书质量及相关问题请与我社联系
审校部电话：0871-64164626　印刷科电话：0871-64191534

云南人民出版社公众微信号

前　言

在这个世界上，几乎每一个人都想活得滋润些、开心些、潇洒些。不过，有多少人真的做到了呢？他们未曾遂愿，是他们不够聪明，不够努力，还是没有能力，没有机会？是时运不济，还是天生命苦呢？也许都不是。关键在于，要把握好说话的分寸，办事的尺度。

说话，是一门艺术，是一个永远的难题。在生活中，那些春风得意的人都是说话的高手，他们之所以在做人方面有成就，主要得益于他们知道了交际的奥妙——说话有分寸。

办事，是一门学问，有说不完的话题。如果一个人能在纷繁的环境中，措置裕如地驾驭人生局面，使自己处处逢凶化吉、遇难呈祥，并把不可能的事变为可能，最后达到成功，那么他一定是一个办事有尺度的人。

社会是人际关系编织的网络，任何一个人都不可能在社会中孤独地生存。为了生活，我们必须与人打交道，交道打得好坏，决定了你在社会生存中的难易程度。这就需要我们要掌握好说话的分寸、办事的尺度，掌握了说话的分寸，你就会活得轻松，过得也滋润；掌握了办事的尺度，你就会事

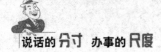

业有成，人际关系融洽。

会说话办事，无异于就拥有了胜人一筹的法宝。同样的意思被不同的人表达出来，对方所领悟的意思可能大相径庭。一个人说话办事水平可以决定他的生活层次。说话办事水平高的人，口若悬河、谈吐隽永、妙语连珠、言辞得体、谈天说地，可以"天机云锦为我用"；赞美他人能够"良言一句三冬暖"；给人安慰能够"一叶一枝总关情"……这样的人，往往容易被人尊重，受人欢迎，赢得他人的友谊、信任、支持和帮助，在事业上也容易获得成功。而说话办事水平低的人，总是语无伦次、词不达意，就好像"茶壶里煮饺子"——肚子里有货，嘴上却倒不出来，恶语半句六月寒，一句不得当的话能结下一个仇敌……，这样的人，就会时时处处感到困窘，容易被人冷淡、遗忘，因此也就必然会给自己的生活和事业带来不利的影响。

纵观古今，博览中外，我们不难发现，不论是政坛精英还是商界巨子，不论是高官贤达还是市井百姓，那些能成就一番事业的人，都是会说话办事的人。

说话有分寸，办事有尺度，别人就容易接纳你、尊重你、帮助你、满足你，你的愿望就容易达到。本书以生动真实的事例和形形色色的故事深入浅出地向你展示了社会生活中最直接、最便利、最有效的说话办事技巧，教给你如何运用最巧妙的语言把话说到对方心里头。

你想在朋友中赢得威望吗？你想得到他人的帮助吗？你想让自己的事业更顺利吗？你想让自己的爱情生活更精彩吗？那就请仔细阅读本书吧，它会使你进入"柳暗花明又一村"的境界。这本书能叩开你智慧的心扉，让你在人生的道路上风雨无阻！

目 录

第一章　会说话，好办事

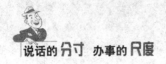

第二章　八面玲珑的交际语言艺术

第三章　细节决定成败，你需要注意的说话细节

第四章　巧说话、懂应酬，让你更讨人喜欢

第五章　口才有禁忌，把握幽默的分寸

第六章　说话有分寸，办事懂尺度

第一章

会说话，好办事

一个人的说话能力，可以显示他的力量。口才好的人，说出话来准确得体、巧妙恰当，让人听后如沐春风，而他们往往也可以很顺利地达到自己的目的，无论是交际处世，还是交友待人，都一定会挥洒自如。

1. 好口才是成功的敲门砖

随着社会的进步和发展，口才已成为决定一个人生活及事业成败的重要因素。有句话说得好："是人才不一定有口才，但是有口才必定是人才。"好口才是人生最基本的技能，是走向成功的基本保证，练就一副好口才，能助你在谈笑间达成预期的目标。

美国著名教育专家卡耐基在强调口才的重要性时说："假如你的口才好……可以使人家喜欢你，可以结交好的朋友，可以开辟前程，使你获得满意的结果。譬如你是一个律师，你的口才会吸引诉讼的当事人；你是一个店主，你的口才帮助你吸引顾客。""有许多人，因为他们善于辞令，因此而擢升了职位……有许多人因此获得荣誉与厚利。你不要以为这是小节，你的一生，有一大半的影响，是由于说话的艺术。"

某集团公司领导人出访某国，同某国外财团谈判关于合资经营新型浮法玻璃厂的问题。由于对方以其技术设备先进的优势漫天要价，使谈判一度陷入了僵局。

后来，该财团所在地的市商会邀请集团公司领导人发表演讲，这位领导人在讲话中若有所指地说："中国是个文明

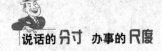

古国，我们的祖先早在1000多年前就将四大发明的生产技术无条件地贡献给了人类，而他们的后代子孙从未埋怨他们不要专利是愚蠢的，相反，却称赞祖先为推进世界科学的进步做出了杰出的贡献。现在，中国在与各国的经济合作中，并不要求各国无条件地让出专利权，只要价格合理，我们一分钱也不少给。"这场不卑不亢的精彩演讲，赢得了与会者的赞赏，更赢得了那个国外财团在谈判中的妥协与让步，使双方的合作得以实现。

马雅可夫斯基说："语言是人类力量的统帅。"就是说口才艺术在社会生活和人际关系中具有不可估量的作用。

我们要生活、工作，就离不开说话，如何让自己在人群中脱颖而出，如何让自己独树一帜？很简单，好口才就能成就你。

在现代社会中，人们的交流越来越频繁，谁都不可能脱离他人过着离群索居的生活，无论是工作、生活、爱情，我们都要和别人接触，都要和别人说话交流。拥有好口才，我们就能在错综复杂的人际关系网中游刃有余，就能在激烈的社会竞争中脱颖而出，就能在斗智斗勇的谈判桌上侃侃而谈、屡出奇招；拥有好口才，就能在针锋相对的辩论台前巧舌如簧、雄辩如虹，就能在难以预测的情场中挥洒自如，胜券在握。也就是说，好口才就是成功的敲门砖。

2. 口才决定事业的成败

事业的成功和失败，往往决定于某一次谈话，这话一点也不夸张。美国的人类行为科学研究者汤姆士指出："说话的能力是成名的捷径。它能使人显赫，鹤立鸡群。能言善辩的人，往往受人尊敬、被人爱戴、得人拥护。它使一个人的才学充分展现、熠熠生辉、事半功倍、业绩卓著。"

如果把人生比作一场漫长的马拉松的话，好的口才则会让我们的生活、工作、事业如虎添翼、锦上添花！好的口才可使经商者顾客盈门、财通三江，好的口才可以使合家欢乐、其乐融融，好的口才如战鼓催征、雄兵开拔，好的口才，如绵绵春雨、滋润心田。

我们每天都要处理很多事情，这件事情或者和自己有直接关系，或者与自己身边的人有关。如果我们处理不好，会让我们的生活陷入被动的局面，但如果我们拥有了好口才，可能这件事处理起来就会十分容易。

事实上，一项事业的成败，常会在一次谈话中收效明显。如果我们出言不慎，无理跟别人争吵，那么，我们将不可能获得别人的同情、别人的合作、别人的帮助。无数成功者的案例证明，敢于当众讲话、善于说话是事业成功的催化剂，它直接关系事业

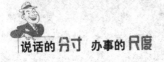

的成败。

尼尔·鲍尔特，加州储藏室设计改装公司的创始人。一天，他为了赶往城外，在公寓前拦下一辆出租车。当他坐上座位后，那位友善的司机便跟他攀谈起来。

"您住的这个公寓真的很漂亮。"司机说。

"嗯，是的。"尼尔·鲍尔特心不在焉地说。

"我敢打赌，您的储藏室很小。"他很有把握地说。

听他这么一说，鲍尔特顿时来了兴趣。"你说的不错，它确实很小。"

"那您有没有听说过给储藏室进行重新改装呢？"司机问道。

"啊，我听说过"。

"事实上，开出租车只是我的业余工作，我真正的工作就是按照客户的要求为他们重新设计改装储藏室，让客户能充分有效地利用储藏室的空间。"

接着，司机问鲍尔特有没有想过对家里的储藏室进行改装。

"这倒没想过，"鲍尔特答道，"不过我确实希望储藏室的空间能再大点。我听说有一家著名的公司也在做这种生意。"

"您说的是加州储藏室设计改装公司吧？那确实是一家大公司。不过，他们能做的，我也一样能做，而且价钱还要比他们便宜得多。"他接着说"您可以打电话给加州储藏室设计改装公司，就说您需要对储藏室进行改装，他们会派人来进行估价。等他们估好之后，您让他们留一份设计图纸给您。他们肯定不会同意，您就说是想把图纸给您的妻子看，以征求她的意见，他们就会给您留下设计图纸。然后，您打电话给我，我保证可以和他们做的一样，而且价钱要比他们便宜30%以上。"

"听起来真是太有趣了。这是我的名片，如果你愿意光临我的办公室，我们可以好好谈一谈。"鲍尔特笑着说。

司机接过名片一看，惊讶地突然转动方向盘，差点把车开到路边的小河里。

"哦，上帝，"他惊叫道，"您就是尼尔·鲍尔特！加州储藏室设计改装公司的创始人！我曾经在电视上见过您，当初就是因为觉得您的计划和想法非常好，我才做起这一行的。"司机一边说一边从后视镜里仔细地打量着鲍尔特。

"我刚才就应该认出您的，真是对不起，鲍尔特先生，我刚才的意思并不是说你们公司的价格太贵，我也不是说……"

"别激动，我很喜欢你的风格和口才。你非常聪明，而且非常有进取心，我很欣赏这一点。你知道乘客都是你忠实的听众，因为他们不得不听你的宣传。而这样做是需要很大的勇气的，为什么不来找我呢？"

这位善谈的司机最后来到了鲍尔特的公司，并且还成了

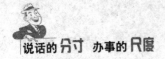

公司最优秀的业务员之一。

俗话说："一手漂亮字，一口漂亮话"是人出门在外的两块"敲门砖"。意思是说，有此两项过硬的本领，能赢得人家的好感。可见，会说一口漂亮话在人们的谋生生涯里是多么重要。

3. 好口才是练出来的

说话是人的一种基本能力，这是因为在人的大脑里虽然早就贮存了"语言习得机制"，但没有人是天生就口才好、能言善辩的，即使是令人钦佩的名嘴或演说家，也不是在任何场合说话都能赢得满堂彩的。说话和其他的才能一样，要日积月累，不能一步登天。口才好的人也是在一次又一次的经验中借着观察听众，逐渐掌握技巧，不断提升自己的说话能力的。说话是为了让他人能了解自己，借谈话来取得互信和互谅。如果你认为对方无法了解你的意思，就不去花时间与心力和他交谈，那么这就表示你并不了解说话能帮到你什么。因此，练出好口才是人生的必修课。

春秋战国时期，大说客苏秦曾经在半神半人的鬼谷子门下拜师学艺。出师后先去游说家乡洛阳的东周之君周显王，周显王不信任他，他只好远赴秦国游说秦惠王，结果因为秦惠王"方诛商鞅，疾辩士，弗用"（《史记·苏秦列传》语）。苏秦被弄得脸上无光，伤心地回到家里，妻子不把他当丈夫，嫂子不把他当小叔，父母不把他当儿子……苏秦毫不灰心，翻箱倒柜，找出了一本名为《太公阴符》的书，于是上演了流传至今的"头悬梁锥刺股"的剧，经过一年反复琢磨、演习并周游列国，苏秦终于获得巨大成功。

很多在口才上有所长的人，他们大多认为自己从小并不善于言辞。那么他们为什么能够靠嘴上功夫吃饭呢？很简单，正因为他们自认为口才不佳，才会加倍努力去提升自己的表达技巧。

所谓口才好，并不表示一定要口吐莲花、八面玲珑。许多人在非正式的场合与朋友共聚一堂时，总能说些幽默、逗趣的话而大受欢迎。但这些人在参加一些正式会议时，却变得沉默寡言，凡事都以"是""不是""有可能"或"不知道"来回答。也就是说，他们无法在正式的场合说出得体的话。

狄里斯在西欧被称为"历史性的雄辩家"。据说，他天生声音低沉、呼吸短促、口齿不清，旁人经常听不清他在说些什么。当时，在狄里斯的祖国雅典，政治纠纷严重，因此，能言善辩的人格外引人注目、备受重视。尽管狄里斯知识渊博、思想深邃，十分擅长分析事理，能预见时代潮流和历史发展趋势，但是，他认为自己缺乏说话技巧，会被时代所淘汰。

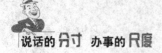

　　于是，他做了一番周密细致的思考，准备好了精彩的演讲内容，第一次走上了演讲台。不幸的是，他惨重失败了，原因就在于他声音低沉、肺活量不足、口齿不清，以至于听众无法听清楚他所言何事、何物。但是，狄里斯并不灰心，他反而比过去更努力地训练自己的说话能力。他每天跑到海边，对着浪花拍击的岩石放声呐喊；回到家中，又对着镜子观察自己说话的口型，做发声练习，狄里斯如此坚持不懈地努力了好几年，终于功夫不负有心人，再度上台演说时，博得了众人的喝彩与热烈的掌声，并一举成名。

　　任何人要被一个群体所接纳，就必须遵守该群体的规则。了解这些规则以后，就可以自由地使用语言，使说话成为一件愉快的事。

　　要想被人们所接受，就必须刻苦勤奋、坚持不懈地努力练习，才会获得令人瞩目的成功。因此，我们不应该放过任何一次当众练习讲话的机会。

　　只要有自信，我们所说出来的话自然会显得落地有声。只要我们勇于尝试，从尝试的结果中，找出成功或失败的关键，口才自然是越练越灵光。所谓口才不佳，只是为自己的不努力找借口罢了。经过多次的尝试与实践，就能学会谈话技巧，只要时常这样想：这种方法不尽理想，是什么原因呢？还有其他更好的方法吗？如此追根究底、累积各种经验。此外，阅读报刊、欣赏电影、倾听别人说话，都可以学习说话的技巧，从中提升我们的表达能力。

要想练就过硬的口才，就必须一丝不苟、刻苦训练，正如华罗庚先生在总结练口才的经验时说："勤能补拙是良训，一分辛苦一分才。"

4. 储蓄谈资，成为语言的"富翁"

谈话是一门艺术，所能表达的内容包罗万象。通过谈话，可以反映一个人的道德修养、学识水平、思辨能力。要想使自己的语言具有艺术魅力，光靠技巧是不够的，一味地追求技巧而忽略自身的素质培养只能是舍本逐末，徒有一副空架子。

而在现实生活中许多人以为口才只是口上之才，以为口才好的人，只是因为他们很会说话，而自己是因为没有掌握说话的技巧、没有华丽的辞藻，才不会说话的。他们看见许多口才好的人什么都可以说，谈什么都很动听，就觉得他们的口齿伶俐，谈资丰富。这种看法是片面的、肤浅的。诚然，口才的能力有赖于日常的训练，但口才的实际基础是善于思考、善于观察、兴趣广泛、常识丰富，以及具有强烈的同理心和责任心。"巧妇难为无米之炊"不就说明了这个道理吗？

著名剧作家曹禺曾说，哪一天我们对语言着了魔，那才算是进了大门，以后才有可能登堂入室，成为语言方面的富翁。那

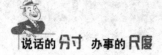

么，我们应该怎样来具体学习、锤炼语言呢？下面介绍几种可行、有效的方法。

（1）多读书，多看报

现代生活中，报纸、书籍是人们生活的必备品。在读书看报时，备一支笔、一些卡片纸和一把剪刀，把所见到的好文章或让自己心动的话语画出来，或者剪下来，或摘抄在卡片纸上。每天坚持做，哪怕一天只记一两句，也会有所收获。日积月累，在说话的时候，也许就会不经意地用上它们，使自己的讲话内容丰富起来。"熟读唐诗三百首，不会作诗自会吟"的经验之谈，是大家所熟悉的，它告诉人们要提高说话的技巧，就应多读书。"穷书万卷常暗诵"，吟咏其中，则可心领神会，产生强烈的兴味。

（2）善于学习

对于谈话的题材和内容，一方面要认真地去吸收，另一方面要好好地去运用。懂得如何运用，可以使一句普通的话发挥出惊人的效果。学习的目的是为了更好地运用，不能运用的吸收毫无意义。

熟悉名篇佳作的精彩妙笔，则会获得丰富的词汇，自己演说和讲话时，优美的语言亦可随手拈来。只要我们潜心苦读、勤记善想、揣摩寻味、持之以恒，就能像郭沫若所说的"于无法之中求得法，有法之后求其他"了。

（3）要注意搜集警句、谚语

在听别人的演讲或别人的谈话时，随时都可以听到表现人类智慧的警句、谚语。把这些话在心中重复一遍，记在本子上，久而久之，谈话的题材、资料就越来越多，说起话来条理也就越来越清楚，助你出口成章。

（4）提高观察问题、思考问题的能力

提高自己的表达能力，就要不断提高自己观察问题、思考问题时的敏锐性，丰富自己的学识与经验，并增强自己的想象力与敏感性。随着表达能力的提高，我们的生活也将丰富多彩，整个人的个性、素质和各方面的能力都会提高。

（5）深入生活

生活是语言最丰富的源泉。要使自己的语言丰富起来，一个闭门造车，不与外面世界接触的人，是很难如愿的。老舍曾说："从生活中找语言，语言就有了根。"这话含有很深刻的道理。

（6）扩大知识面

知识贫乏是造成语言贫乏，特别是词汇贫乏的一个重要原因。如果《红楼梦》的作者曹雪芹没有相应的词汇来描写贾府上上下下的规矩、内内外外的礼教，王熙凤的泼辣、干练、狠毒性格就难以惟妙惟肖；如果《水浒》作者不懂得江湖勾当，不懂开茶坊的拉线及趁火打劫的种种口诀，他就不可能把那个成了精的虔婆王士娘刻画得绘声绘色。

如今，人们都喜欢用"爆炸"这个词来形容某一方面的快速增长，比如：信息爆炸、知识爆炸、人口爆炸等。改革开放这十几年来，新词语铺天盖地而至，令人目不暇接，大有"爆炸"之势。

当代流行语中有许多词，很值得记忆、品味和使用，如：

经济类流行语：大户、二手货、水货、买断、猎头、股市、欧元、买单；

商业类流行语：按揭、金领、半跪式服务、传销、直销、厕所广告、持卡族、撮堆儿、鬼市、练摊儿、刷卡、条形码；

文化类流行语：大众情人、性感明星、天王、假唱、甲A、甲B、世界杯、晚会歌手、文博会、文化创意产业、原生态、百家讲坛、潜规则、草根文化、恶搞；

科技类流行语：概念车、科博会、冥王星降级、航展、数字家庭、庞加莱猜想、信息超市、流氓软件、汉芯、克隆、千年虫、功能饮料、码根码、IP、IC、网虫、伊妹儿、亚健康、一卡通、数字化犯罪；

生活类流行语：煲电话粥、便当、暴侃、不搭界、留守儿童、找不着北、走人、齐活、起腻、坏子；

市井类流行语：巨无霸、干货、粉皮耳朵、翻眼猴、没事偷着乐、吧女、八婆；

青春类流行语：冰激凌文学、车虫儿、超女、靓仔、老爸、另类、帅呆了、酷毙了、玩儿票、新新人类；

两性类流行语：第二春、很受伤、打野食、酒蜜、金丝雀、红娘热线、乱爱、来电……

这些词语或者从国外引进，或者是时尚的创造，或者是旧词的复活。有些词语，如AA制、T恤衫、卡拉OK，汉字与洋文夹杂，就是语言研究专家也被它们弄得不知所措。

词语是社会生活最敏感的反应器，新词爆炸反映了新生事物的层出不穷，反映了我们当今社会在改革大潮中的迅猛发展，反映了我们当今生活在开放洪流中的日新月异，我们对这些新的词语应及时掌握，学会运用。

如果我们不想让自己做一个井底之蛙，就应静下心来努力学习、拓展自己的视野。若不想说话空洞无物，就应下决心积累大批的、雄厚的、扎实的"本钱"，武装自己的头脑，让自己说话的内容丰富起来。

5. 情自肺腑出，方能入肺腑

语言可以表现一个人的人格。即使是嘴巴比较笨拙的人，只要有发自内心的真诚，其感情就能在话语间充分流露出来，相反，如果没有发自内心的真诚，即使运用再华丽的语言也会被人看穿。所以，在谈话时，满怀真诚是最重要的。

"精诚所至，金石为开"，好口才的第一步就是要让人感觉到你的热心和诚意。如果连自己本身都意未明，情未动，言不由衷，又怎么能表情达意呢？如果说，诚意要求的是内容，那么热心要求的就是表达的态度，唯有"情自肺腑出，方能入肺腑"。

真诚是人类最伟大的美德之一，一个对生活、对事业、对自己真诚的人，写文章能以真诚动人，办事情能以真诚悦人，说话能以真诚感人，那么他所具有的这些力量怎能不使他取得成功呢？

一般而言，只要是真实可信的说话内容，加上热心诚恳的说话方式，在人际沟通上就能达到理想的效果。俗话说得好："有了巧舌加诚意，就能用一根头发牵动一头大象。"

美国石油大王洛克菲勒的儿子小洛克菲勒，在1915年处理一次工业大罢工时，就是以诚恳的演说，解决了与工人之间的矛盾。

科罗拉多州煤铁公司的矿工为了要求改善待遇，进行了罢工，因为公司方面处置不善，这次罢工又演变成了流血的惨剧，劳资双方都各自走了极端。这次罢工，持续了两年之久，成为美国工业史上一次有名的大罢工。小洛克菲勒，最初使用军队来镇压的高压手段，闹成了流血惨剧，不仅没有解决问题，反而使罢工的时间延长下去，使自己的财产受损严重。后来，他改变方法，采用柔和的手段，把罢工的事情暂时置之不谈，他深入到工人当中，并亲自到工友家中慰问，使双方的情绪慢慢地转好。以后，他叫工人们组织代表团，以便和资方洽商和解。他看出了工人们已经对他稍稍释去了敌意，于是，便对罢工运动的代表们做了一次十分中肯的演说。就是这一次演说，解决了两年来的罢工风潮。

在演讲中，小洛克菲勒说："在我有生之年，今天恐怕要算是一个最值得纪念的日子。我十分荣幸，因为能够和诸位认识，如果我们今天的聚会是在两个星期之前，那么，我站在这里就会是一个陌生人了；因为我对诸位的面孔还很陌生。我有机会到南煤区的各个帐篷里去看了一遍，和诸位代表都进行了一次私人的谈话；我看过了诸位的家庭，会见了诸位的妻儿老幼，大家对我都十分的客气，完全把我看作自己人一般。所以，今天我们在这里相见，我们已经不是陌生人而是朋友了。现在，我们不妨本着相互的信任，共同来讨论一下我们大家的利益，这是使人感到十分高兴的一件事。参加这个会，是厂方的职员和工人的代表，现在蒙诸位的厚爱，我才能在这里和诸位相见并努力化解一切矛盾，彼此成为好友，这种伟大的友谊，我是终生不会忘掉的。我们大家的事业和前途，从此更是走向无限的光明。在我个人，今天虽然是代表着公司董事会，可是，我和诸位并不对立，我觉得我们大家都是有着密切的关系和友谊的。我们彼此关联的问题，我很愿意提出来和大家讨论一下，让我们一起从长计议，直到获得一个双方都能兼顾到的圆满的解决办法，因为，这是对大家有利的事……"

小洛克菲勒的讲话，虽没有华丽的辞藻，但话语诚恳，引起了矿工的广泛共鸣，一下子就使自己摆脱了困境。

有时候，真诚的语言不仅会给我们带来成功，还可能带来神话般的奇迹。反之，如果一个人在语言上，不遵循"诚能感人"的原则，就会失信于众，轻则影响个人的形象和声誉，重则危及组织的前途。

一个平凡的业务员，在做了十几年的推销工作后，他十分反感和厌恶那些长期以来强颜欢笑、编造假话、吹嘘商品等招揽顾客的做法。他觉得这是生活上的一种压力，为了摆脱这种压力，他决定对人要以诚相待，不再对顾客讲假话，要以一颗真诚的心来对待他们，即使被解雇也无所谓。出乎意料的是，当这种想法浮现于大脑后，他顿时觉得自己的心情比以往更轻松了。

这天，当第一个顾客来到店里，问他店中有没有一种可自由折叠、调节高度的椅子时，他搬来一把椅子，如实地向顾客介绍。他说："老实说，这种椅子质量不是很好，我们常常会接收到顾客的投诉和退货。"

顾客说："是吗？很多人家都用这种椅子，我看它似乎还挺实用的。"

"也许是吧。不过，据我所知，这种椅子不一定能升降自如。您看，没错，它款式新，但结构有毛病。如果我隐瞒它的缺点，就等于是在欺骗您。"这位业务员耐心地给顾客解答。

客人追问："你说结构有毛病？"

"是的，它的结构过于复杂精巧，反而不够简便。"

这时，业务员走近椅子，用脚去踩脚踏板。本来要轻踩，但是他一脚狠狠踩下去，使椅子面突然向上撑起，正好撞到顾客扶在上面的手上。业务员急忙道歉："对不起，我不是故意的。”

没想到客人反而笑起来，说："没关系，不过我还要仔细看看。"

"没关系，买东西如果不精心挑选，会很容易吃亏的。您看看这椅子的木料，品质并非上乘，贴面胶合也很差。坦白地说，我劝您还是别买这种椅子，不如看看其他牌子的，要不到其他店看看也可以，说不定那里会有更好的椅子。"业务员说。

客人听完这番话，十分开心，要求买下这张椅子，并马上取货。但是，等顾客一走，业务员就立即遭到经理的训斥，同时让他到人事部办理离职手续。一个小时后，业务员正整理东西，准备打包回家时，店内突然来了一群人，争相购买这种椅子，几十张椅子一下子就买空了。

当然，这些人都是刚才那位顾客介绍来的。看到店里生意如此火暴，经理大感吃惊，最后这个业务员不仅没被辞退，工资还提高了三倍，休假时间也增加了一倍。经理甚至还称赞他如实介绍商品的做法，是一种新型的售货风格，应该继续保持。

在我们与人交往时，必须秉持一颗赤诚的心，不要流于巧言令色、油嘴滑舌之辈。要根据时间、场所和对象的不同，将自己最好的一面通过语言表达出来，如此才能建立良好的人际关系，以使自己融入人群中来。

6. 平实的语言最具说服力

朴实无华的语言是真挚心灵的表达，是美好情感的展现。因而，语言的朴素美来自处事态度，话如其人，言为心声，平时为人处事质朴真诚，说话也就自然不会扭捏做作。

著名作家丁·马菲说过："尽量不说意义深远及新奇的话语，而以身旁的琐事为话题做开端，是促进人际关系成功的钥匙。"

一味用令人咋舌与吃惊的话，容易使人产生华而不实、锋芒毕露的感觉。受人爱戴与信赖的人，大多并不属于才情焕发，以惊人之语博得他人喜爱的人。

尤其对普通人来说，最好不要刻意显露自己的才华，讲别人无法理解的内容，一开始如不能与他人处于同等的基础上，对方很难对你产生好感。如果你摆出一副超人一等的样子，别人也会用同样的态度对待你。

有一位记者问一位离婚的名人是否再嫁，这位名人答道："曾经沧海难为水，除却巫山不是云。"这样的回答不能说不好，但是没有一定中国古典文学修养的人就听不懂。同样的问题，赵丹的夫人、作家黄宗英以喻作答就通俗易懂："我已经嫁给大海了，再不能嫁给小溪，再嫁就嫁给汪洋。"

抗战胜利前一天，画家张大千要返回四川，他的学生们为他送行，梅兰芳等名流也到场作陪。宴会开始，张大千向梅兰芳敬酒，说："梅先生，你是君子，我是小人，我先敬你一杯！"众宾客都愣住了，梅兰芳也不解其意，笑着询问："此话做何解释？"张大千笑着朗声答道："你是君子——动口；我是小人——动手！"满堂来宾，笑声不止，宴会气氛一下子活跃了许多。

张大千简单的几句话，能取得如此好的效果，原因就在于他灵活运用了"君子动口不动手"这一俗语。

值得注意的是，在说话时要尽量使用普通话，这样才容易与人沟通，避免造成语言方面的障碍。讲普通话，是语言规范化的需要。语言规范涉及语音、词汇、语法、修辞等多方面因素。人们为工作而东奔西走、平时接触的人来自四面八方，在言谈交往中，必须用约定俗成的、规范化的语言，才能共同理解说话的内容。

一家报纸上刊登了这样一个真实的故事：

有一个外地人，来北京办事，下了火车需再坐一次公交车。他来到公交车站，站牌很多，还没来得及查清要坐哪条路线，就来车了。

　　他想，干脆问问售票员吧："小姐，到'前面'吗？"

　　售票员肯定地回答："到。"

　　他就上车了。

　　可是坐了好几站地，也听不见售票员报他要去的站名。

　　他就问售票员："还有几站到'前面'呀？"

　　售票员似乎记起了他："您到哪个前面？"

　　他非常吃惊："啊——北京有好几个'前面'啊！"

　　"那我可怎么找啊？"他拿出了纸条，请售票员帮忙。

　　售票员一看地址，不知说什么好，原来他要去的是"前门"。

　　有时候，最朴实的东西才是最具生命力的，语言的魅力在于架起了人与人之间沟通的桥梁。要说话具有说服力，就必须使用最平实的语言，而不是华丽的辞藻和复杂的音韵。说话的时候，每一句都要让人明白易懂，避免用艰涩词汇。别以为说话时用语艰深，就是自己有学问，有魄力的表现；其实，这样说话不但会使人听不懂，而且有时还会弄巧成拙，引起别人怀疑，以为是在故弄玄虚，卖弄自己，正如老子所说："信言不美，美言不信。"当然，良好的沟通，应该是从文字表达到口语表达的过渡，根据对象的不同，用通俗的语句表达出来。

7. 杜绝不受欢迎的说话习惯

如果一个人的脸上有疤痕，可以使用化妆品或药品治疗弥补。同样，谈吐方面的问题也可以改变，虽然这些毛病不具有决定意义，但如果不加注意，就会大大影响谈话效果，同时影响到自己在他人心目中的形象。

日常说话中常犯的毛病有以下几点：

（1）说话用鼻音，或者有杂音

用鼻音说话是一种常见且影响极坏的缺点。当使用鼻腔说话时，就会发出鼻音——用大拇指和食指捏住鼻子，所发出的声音就是一种鼻音。如果你说话时嘴巴张得不够大，声音也会从鼻腔里出来。在电影里，鼻音是一种表演技巧，如果演员扮演的是一种喜欢抱怨、脾气不好的角色，他们往往爱用鼻音说话。如果你期望自己在他人面前具有极大的说服力，或者令人心旷神怡，那么最好不要使用鼻音，而应使用胸腔发音。正确的方法是，平时说话时，上下齿之间最好保持半寸的距离。还有一些人的口才本来很好，可是在他的言语中掺杂了许多无意义的杂音。他们的鼻子总是一哼一哼地响着，或者是喉咙里好像被什么东西堵住似的，总要轻轻地咳几声，再要不就是在每句话开头用一个拖长的"唉"，像怕人听不清楚他的话似的。这些毛病，只要自己有决

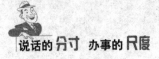

心，是可以清除的。

（2）声音过尖

一个人受到惊吓或大发脾气时，往往会提高嗓门，发出刺耳的尖叫。一般犯此错误的女性居多，要多加注意，因为尖锐的声音比深沉的鼻音更加难听。你可以用镜子检查自己有无这一缺点：脖子是否感到紧张？血管和肌肉是否像绳索一样凸出？下颚附近的肌肉是否看起来明显紧张？如果出现上述情形，你可能会发出刺耳的尖声。这时你就要当机立断，尽快让自己松弛下来，同时压低自己的嗓门。

（3）说话快慢不定

一般来讲，说话的速度很难掌握，即使是一些职业演说家，有时也不容易把握好自己说话的速度。说话太快，别人就听不懂你在说些什么；说话太慢，着急的人就会根本不听你说，因为人急的时候是缺乏耐心的。据专家研究，当我们朗读时，其速度要比说话快，但说话不能像朗读，而且说话的速度不宜固定不变，你的思想、情绪和说话的内容会影响你表达的快慢。说话中把握适度的停顿和速度变化，会有不同的效果。

为了测量自己说话的速度，你可以按照正常说话的速度念上一段演讲词，然后用秒表测出自己朗读的时间。如果你说话的速度每分钟达不到朗读标准，就可以试着调整说话速度，看是否会收到良好的效果。

（4）滥用流行语

某些流行的字句，也往往会被人不加选择地乱用一番，例如，"原子"这个词就曾被滥用，什么东西都牵强加上"原子"，如："原子牙刷""原子字典"，"原子"这"原子"那，使人感觉莫名其妙。

（5）过分夸张

夸张的手法有一种引人注意的效果。不过，我们不能把夸张的手法用得太过分，否则，别人就不会相信你的话。

人们在现实生活中，不可能每次都用"非常重要"来形容，也不可能每次都讲"最动人的"故事或"最可笑的"笑话。因此，不要到处用"非常""最""极"等字眼，否则，当你在无数的"最"中有一个真正的"最"时，又怎样表达呢？难道你能说"这件事对我是最最重要的"吗？如果你真这样说，别人听了也会无动于衷，因为他们认为你是一个喜欢夸大事实的人。

（6）习惯用多余的套语

有些人喜欢在交谈中使用太多或不必要的套语。例如，一些人喜欢什么地方都加上"自然啦"或"当然啦"一类话；也有人喜欢加太多的"坦白地说""老实说"一类的话；有人喜欢老问别人"你明白了吗？"或"你听清楚了吗？"；还有的人喜欢老说"你说是不是？"或"你觉得怎么样？"……像这一类毛病，说的人可能一点不觉得有什么问题，要克服这类毛病，最好的办法是请你的朋友时刻提醒你。

（7）太琐碎

许多人在谈话过程中啰里啰唆。例如，讲述自己的经历本来是最容易讲得生动、精彩的，很多人也喜欢听。但是，许多人不

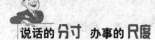

分主次地平铺直叙，觉得自己所经历的事样样都有味道，都有讲一讲的必要，结果反而使听者感到茫然无头绪、杂乱无章、索然无味。

（8）手脚动作过多

手脚动作过多，即说话时动作过于频繁。可以检查一下自己是否在说话时不断出现坐立不安、蹙眉、扬眉、歪嘴、拉耳朵、摸下巴、搔头皮、转动铅笔、拉领带、弄指头、摇腿等动作。这都是影响你说话效果的不良因素。如果在说话时，动作过于频繁，听者就会被你的这些动作所吸引，反而忽略了你讲话的内容。

8. 话贵在精而不在多

清代画家郑板桥有诗云："削繁去冗留清瘦，画到生时是熟时。"当今语言大师们认为："言不在多，达意则灵。"可见，用最少的字句包含尽量多的内容，是简洁表达的最基本要求。

在初次交往中，如果你一味地啰唆，就会使人反感，这会削弱你在他人心中的地位。英国人波普说："话犹如树叶，在树叶太茂盛的地方，很难见到智慧的果实。""言不在多，达意则灵。"讲话简练有力，能使人兴味不减。冗词赘语，唠叨啰唆不得要领，必令人生厌。

马克·吐温讲过这样一个故事：

有个礼拜天，马克·吐温到礼拜堂去，适逢一位传教士在那里用令人哀怜的语言讲述非洲传教士苦难的生活。当他说了5分钟后，马克·吐温马上决定对这件有意义的事情捐助50元；当他接着讲了10分钟后，马克·吐温就决定把捐助的数目减至25元；当他继续滔滔不绝地讲了半小时后，马克·吐温又决定减到5元；最后，当他讲了一个小时，拿起钵子向听众哀求捐助并从马克·吐温面前走过的时候，马克·吐温却反而从钵子里偷走了2元钱。

通过幽默的故事我们可以看出，讲话还是短一点、实在一点好，长篇大论、泛泛而谈容易引起听众的反感，效果反而不好。

有句俗语说得好，"蛤蟆从晚叫到天亮，不会引人注意；公鸡只啼一声，人们就起身干活"。的确，会说话的人，不一定是说话最多的人，话贵在精、多说无益。

而现实中，说话啰唆的人往往觉得自己所说的含义丰富，他们认识不到自己的问题。有两个多年未见面的老朋友相聚，他们为此盼望了很久。结果其中一个带了他热情开朗的新婚妻子一起来。那位妻子从一开始就独占了整个谈话，滔滔不绝，一个接一个地说着一些自己觉得很好笑、很有趣味的事情。出于礼貌，两个男人沉默地听着，偶尔尴尬地彼此对看一眼。当他们分手的时候，那位妻子站在门口的台阶上挥舞着手套，兴高采烈地说：

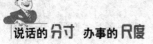

"再见！"她觉得度过了一个很有意义的夜晚，认识了丈夫的朋友，还进行了一次快乐的谈话。而两个男人却对老朋友分别多年后的情况仍旧一无所知，心里诅咒着这个开朗得过分的女人，即使她的丈夫也是如此。

对于说话啰唆的人，心理学专家们为他们罗列出七个典型的特征：

（1）打断他人的谈话或抢接别人的话题，希望整个谈话以"我"为重点；

（2）由于自己注意力分散，一再要求别人重复说过的话题。或一再重复自己已经说过的话；

（3）像连珠炮一样表达自己的意见，反而给人一种不尊重他人的印象；

（4）随便解释某种现象，轻率地下定论，借以表现自己是内行；

（5）说话不合逻辑，令人难以领会其意图；轻易地从一个话题跳到另一个话题，令听者感觉莫名其妙；

（6）不适当地强调某些与主题风马牛不相及的东西，东拉西扯；

（7）觉得自己说的比别人说的更有趣。

"是非只为多开口"，话说得多，出毛病的机会也就多。大智若愚，聪明的人大都不随便说话，唯有胸无半点墨的人喜欢自吹自擂。"宁可把嘴闭起来使人怀疑你浅薄，也胜于一开口就证实你的浅薄。"这是一句值得每个人牢记的名言。

滔滔不绝，出口成章，是一种水平，而善于概括、词约旨丰、一语中的，同样是一种水平，而且更为难得。

9. 会说话，巧说话

我们天天都在说话，但是，有的人说起话来娓娓动听，使人听了全身的筋骨都感觉到舒服；有的人说起话来锋芒锐利，像是一柄利刃，令人感觉十分恐惧；有的人说起话来大言不惭，出言不逊，一开口就使人感觉到讨厌。所以人的面貌各不相同，而所说的话和获得的效果，也大有区别。

说话作为最简单、最直接的表达方式，它的重要性是不言而喻的。人类非动物不可能如"鹦鹉能言，不离于禽；猩猩能言，不离于兽"这样人云亦云，语言是随着人类的出现与发展为满足人类表达和交际的需要而产生的，具有社会性、工具性和符号性。

说话不是一件容易的事。我们天天都在说话，但并不见得个个都会说话。话说得好，小则让气氛欢乐，大则可以兴国；话说得不好，小则可以招怨，大则可以丧身。

李莲英，清朝的大太监。他为人机灵、嘴巧，无论在什么样的场合，面对什么样的人物，他都能应付自如。因此，

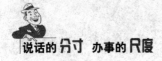
他深得"老佛爷"——慈禧的喜爱。同时，李莲英也常常帮慈禧打圆场，解脱困境。

慈禧爱看京戏，所以不断有戏班子进宫专门给老佛爷演出。慈禧喜怒无常，这些戏子们都提心吊胆。演得好了，老佛爷开心了，便赏赐他们一些小玩意，以示皇恩浩荡；演得不合她的胃口，他们时刻都有掉脑袋的危险。

一次，著名的京戏演员杨小楼率领他的戏班进宫给慈禧太后演出。这天，慈禧心情格外舒畅，看完戏后，把杨小楼召到跟前，指着满桌子的糕点说："这些都赏赐给你，带回去吧！"哪有赏赐糕点的，何况慈禧这人极为奢侈浪费，她一顿饭能吃200多道菜，可想而知那些糕点也绝不会少，杨小楼心想：这么多糕点，我怎么带回去呀？

于是，便赶快叩头谢恩道："叩谢老佛爷，只是这些尊贵之物，奴才不敢领，请……另外恩赐……"

这话把周围的宫女、太监们都吓晕了，按慈禧的脾气，赏赐你的东西你不要，还敢要求另外赏赐，这不是自己找死吗？出乎意料，这天太阳从"西边"出来了，慈禧心情超出一般的好，并没有发脾气，只是问了一句："那你要什么？"

杨小楼又叩头接着道："老佛爷洪福齐天，不知可否赐个字给奴才？"

慈禧听了，一时高兴，也想给大家露一手，便让太监笔墨纸砚侍候。只见她大笔一挥，一个硕大的福字就写成了。

让人万万没想到的是，慈禧的这一手却露砸了。她把福字多写了一点。慈禧身旁的一位宫女眼尖嘴快，马上告诉了慈禧："老佛爷，福字是'示'字旁，不是'衣'字旁呀！"

杨小楼一看，确实是错了。这可怎么办？若是拿回去遭人议论，一旦传到慈禧耳中，不知又有多少人要蒙受不白之冤。不拿吧，慈禧动怒，自己不会有好下场。要也不是，不要也不是，他一时急得直冒冷汗。

现场气氛一下子变得非常紧张起来。慈禧也觉得为难，确实是自己写错了，不想让杨小楼拿出去丢人现眼，但自己也无法开口要回来重新写。

站在旁边的李莲英这时候眼珠子一转，不慌不忙地走向前，笑呵呵地说："老佛爷洪福齐天，她老人家的'福'自然要比世人的多一'点'了。要不怎么显示出她老人家的高贵呢？"

杨小楼一听马上会意，连忙叩首道："老佛爷这万人之上之福，小人怎敢领呢！"

慈禧正愁没法下台，听这么一说，也就顺水推舟，笑道："好吧，那就隔天再赐你吧！"

就这样，李莲英的一句话化解了慈禧的窘境。这样会说话的奴才岂能不讨主人喜欢？

美国人在第二次世界大战时期，把"舌头"、原子弹和金钱称为获胜的三大战略武器，进入21世纪又把"舌头"、金钱和电脑视为经济发展和社会进步的三大战略武器。这个比喻虽然有些

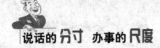

牵强，但也不无道理。在这两个比喻中，"舌头"（即口才）能独冠于三大战略武器之首，可见口才的价值非同小可。因此我们应清醒地认识到说话的重要性，进而更好地掌握说话这个随身携带、行之有效、战无不胜、攻无不克的神奇武器。

在一次联合国的会议上，菲律宾前外长罗慕洛与苏联代表团团长维辛斯基发生了一场激烈辩论。罗慕洛批评维辛斯基提出的建议是在开玩笑，维辛斯基立即采取了十分无礼之举。

维辛斯基说："你不过是个小国家的小人罢了。"

罗慕洛听后便站了起来，告诉联合国大会的代表说维辛斯基的形容是正确的，但他又接着说了下面一句话："此时此地，将真理之石向狂妄的巨人眉心掷去——使他们的行为有些检点，这是矮子的责任。"

罗慕洛的话博得了代表们的热烈掌声，而维中斯基只好干瞪眼，什么话也说不出来。

美国著名教育专家卡耐基，非常推崇说话的重要性，他说："假如你的口才好……可以使人家喜欢你，可以结交好的朋友，可以开启美好的前程，使你获得满意的结果。譬如你是一个律师，你的口才会吸引需要诉讼的当事人；你是一个店主，你的口才帮助你吸引顾客……有许多人，因为他们善于辞令，因此而擢升了职位……有许多人因此而获得荣誉、获得了厚利。你不要以为这是小节，你的一生，有一大半的影响，是受之于说话艺术。"

巧说话是一个人智慧的反映，是影响一个人事业成功、人际和睦、生活幸福的重要因素，是一种可随身携带永不过时的基本能力。所以人不能仅仅满足于用口说话，而要善于说话。会说话实在是我们一生的资本。

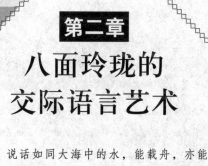

第二章

八面玲珑的
交际语言艺术

　　说话如同大海中的水，能载舟，亦能覆舟。良好的谈吐，能助人成功，但若运用不当，便会使你孤立无助，甚至身败名裂。尤其在现代人际关系紧密而复杂的社会活动中，时时都需要沟通来建立良好的关系。因此，八面玲珑的交际语言自然就成为一门艺术了。

1. 话题的好坏是交谈的第一要素

俗话说得好"一回生二回熟。"若要衡量同陌生人第一次谈话的成败，首先要审视交谈的话题，因为话题的好坏，直接影响了交谈的结果，是交谈的第一要素，不容轻视，更不能忽视。一般情况下，谈话要选择一些容易引起对方兴趣的话题，这样有利于创造一个轻松活跃的谈话氛围，使交谈得以深入，友谊得以发展。

在交际中，我们对每一次交谈的话题都应该精心选择，不应随心所欲张口就来，若如此，在还未进入主题，就已经危机四伏了。

在具体选择话题时，要顾及谈话对象。一个话题，只有让对方感兴趣，谈话才有维持和继续的可能。比如，自己是球迷，就切莫以为别人都是球迷。逢人就谈球赛，遇到对球不感兴趣的人也大谈特谈，让对方感到索然无味、失去兴趣。

现代年轻人的话题总是局限于流行的服饰、时代的潮流等，有的人除了流行以外，对其他的话题都不感兴趣，这已限制了可谈话题的范围。那么怎么才能让自己成为说话的高手？又怎么成为受人欢迎的人呢？

美国女记者芭芭拉·华特，初遇美国航空业界巨头亚里士多德·欧纳西斯时，见他正与同行们热烈讨论着货运价格、航线、新的空运构想等问题，芭芭拉没法插上一句话。在共进午餐时，芭芭拉灵机一动，趁大家谈论业务的短暂间隙，赶紧提问："欧纳西斯先生，你在海运和空运方面都取得了伟大的成就，这是令人震惊的。你是怎样开始的？当初你的职业是什么？"这个话题一下叩动了欧纳西斯的心弦，他立即同芭芭拉侃侃而谈起来，动情地回顾了自己的奋斗史。

选择话题，除了注意对方的需求外，还要小心避开对方的禁忌，尽量选择"安全系数大"的话题。每个人除了有若干"禁区"外，还存在"敏感地带"，谈话中都应当小心避开。譬如，不幸者忌谈他遭受不幸的往事，失恋者忌谈爱情与婚姻问题，残疾人家庭忌谈家中的那位残疾等。有时，与医生、律师等专业人士交谈，在他们工作以外的时间里，不宜谈过分具体的专业话题，如什么病该怎么医治，什么纠纷该怎么处理等。同要人交谈，往往忌谈政治、宗教和性的问题。对于一些很难处理的"敏感话题"，一般要尽量避而不谈。

某文艺编辑曾讲过一段故事。他邀一位名作家写稿，该作家非常难合作，各报社的编辑对他大伤脑筋。因此，这个编辑在见面前也相当紧张。

一开始果不出所料，他俩各说各的，怎样都谈不拢。闹得编辑很是头痛，只好打定主意，改天再试。

这一次，编辑把几天前在一本杂志上看到的有关作家近况的报道搬出来，并说："您的大作最近要翻译成英文，在美国出版了。"作家见对方如此关心自己，就很感兴趣地听下去。编辑又说："您的风格能否用英文表现出来？"作家说："就是这点令我担心……"他们就在这种融洽气氛中继续谈了下去。

本来已不抱希望的编辑，此时又恢复了自信，最终获得了作家写稿的允诺。

我们可以看出，在交谈中处于劣势的一方常常是寻找话题的责任者。例如，在求人办事的过程中，求人者需要仔细挑选交谈的话题；在谈生意的过程中，希望合作的一方则有选择交谈话题的义务；至于在情侣聊天的场合中，往往会听到主动的那方喋喋不休地谈论各种事，而单位如何如何，通常是最常见的话题。如果这对恋人是在同一个单位，这倒是个很不错的话题，否则，对方一定会觉得无趣。

因此，谈恋爱的两人，主动的一方应该站在关怀对方的立场与对方交谈，被动的一方，对于不懂的话题，也不要显出漠不关心的样子，只要对每一件事都具有强烈的好奇心，那每一个话题都可以聊上很久。

在公园，许多青年男女伫立在那里。他们中间有不少人是等待与情侣相会的，有两个擦鞋童，正高声叫喊着以招徕

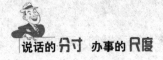
顾客。

其中一个说："请坐，我为您擦擦皮鞋吧，又光又亮。"

另一个却说："约会前，请先擦一下皮鞋吧？"

结果，前一个擦鞋童摊前的顾客寥寥无几，而后一个擦鞋童的喊声却收到了意想不到的效果，一个个青年男女都纷纷让他擦鞋。

两个擦鞋童为什么生意截然不同呢？

第一个擦鞋童尽管他的话礼貌、热情，并且附带着质量上的保证，但这与此刻青年男女们的心理差距甚远。因为，在黄昏时刻破费钱财去"买"个"又光又亮"，显然没有多少必要。人们从这儿听出的印象是"为擦鞋而擦鞋"的意思。

而第二个擦鞋童的话就与此刻男女青年们的心理非常吻合。"月上柳梢头，人约黄昏后"，在这充满温情的时刻，谁不愿意以干干净净、大大方方的形象出现在自己心爱的人面前，一句"约会前，请先擦一下皮鞋。"说到了青年男女的心坎上。可见，这位聪明的擦鞋童，正是传送着"为约会时能展现最好的一面而擦鞋"的温情爱意。

总结起来，以下几种话题，容易引起大家的谈话兴趣：

（1）与谈话者自身利益密切相关的话题

（2）与谈话者兴趣、角色相关的话题

（3）具有权威性的话题

（4）新奇的话题

（5）某些特殊的话题

（6）被社会和他人禁锢、保密、敏感的话题

在与陌生人打交道中，你跟人交谈时是如何选择话题的，不妨为自己打打分。

2. 一样的话两样说

一样的话两样说，这绝不是见人说人话，见鬼说鬼话，而是一门讲话的艺术。而问话恰是这门艺术的最好体现。问话问得巧，就等于取得了主动权，相反如果问得过于直白不仅很容易遭到拒绝，而且还会处于被动的趋势。因此提问的方式是否有技巧，有时会决定一个人做事是否成功，这是一件不可否认的事实。

据说在某国的教堂内，一位教士在做礼拜时，忽然熬不住，烟瘾犯了，便问他的上司："我在祈祷时可以抽烟吗？"结果，遭到了上司的斥责。然后又有一位教士，他也犯了烟瘾，但他却换了一种语气："我吸烟时可以祈祷吗？"上司竟莞尔一笑，答应了他的请求。

在开会时我们经常听到主持者这样发问："不知各位对此有何高见？"虽然从表面上看，这种问话很好听，但效果并不是很

好。因为，谁敢肯定自己的见解就高人一等呢？就算是高见，也不好意思先开口。如果换成"各位有什么想法呢？"这种问法更容易被很多人接受，效果一定会大相径庭。

提问要讲究一定的方法，提问过于唐突是非常不礼貌的行为，这是不可忽视的。假如在大庭广众之下问对方："你有什么理由可说？""你晚来了半小时，上哪儿混去了？"如此唐突的问法，令对方难以下台，对方一定会不高兴。

怎样才能问得巧，首先要选择恰当的提问形式。提问形式有下面几种：

（1）限制型提问

这是一种目的性很强的提问技巧，它能帮助提问者获得较为理想的回答，降低被提问者拒绝的概率。

据说，香港一般茶室因为有些客人在喝可可时要放个鸡蛋，所以，侍者在客人要可可时都会问一句："要不要放鸡蛋？"心理学家建议，侍者不要问"要不要放鸡蛋"，而要问"放一个还是两个鸡蛋"，这样提问就缩小了对方的选择范围，并且还可以附带做上鸡蛋的生意。

（2）选择型提问

这种提问方式多用于朋友之间，同时也表明提问者并不在乎对方的抉择。例如，你的朋友来你家做客，你留他吃饭，但不知他的口味，于是可以问他："今天咱们吃什么？牛排还是火腿？"

（3）婉转型提问

这种提问的意图是为了避免对方拒绝而出现尴尬的局面。

例如，一位先生爱上了一个女孩子，但他并不知道女孩子是否爱他，此话又不能直说，于是他试探地问："我可以陪你走走吗？"如女方不愿意，拒绝走走也不会使这位先生很难堪。

（4）协商型提问

如果你想要别人按照你的意图去做事，应该用商量的口吻向对方提问。如你要秘书起草一份文件，把意图讲清之后，应该问一问："你看这样是否妥当？"

提问要讲究方式，才能提高提问水平。话题的选择是一个关键，一位心理学家曾经说过：要使对方乐于答话，应该挑他擅长的来说，这样他才会对你的提问感兴趣。

例如，一个人乒乓球打得好，就可先问："听说你打乒乓球很拿手，是吗？"提问正像打乒乓球的发球，你以对方的特长发问，就像特意发了个使对方容易接的球，对方当然乐于接球。

为了使提问达到预期目的，必须做到以下几点：

（1）一般提问

据社会学家的分析，任何情况下都适合一般提问方式。这种提问方式可以调动对方回答的积极性，满足对方渴求的社会评价与肯定的心理。一般提问方式如果能配以赞许的笑容，效果就会更好。

（2）选择提问

提问要有所选择，不要提出明知对方不能或不愿作答的问题。一开始提问不要限定对方的回答，也不应随意搅乱对方的思路。

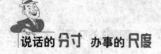

（3）真诚提问

不要故作高深、盛气凌人、卖弄学识，要给人以真诚和信任的印象，形成坦诚与信赖的心理感受和交谈气氛，才能使交谈正常、愉快地进行。

（4）续接提问

如果第一次没有达到提问目的，续接提问的方式是较为有效的。

（5）因时提问

提问要看时机。亚里士多德说过："思想使人说出当时当地可能说的和应当说的话。"说话的时机，就是说话的环境。它包括双方所处的自然环境、社会环境、语言环境和心理环境。

（6）因人提问

人有男女老幼之分，有千差万别的个性，有不同的工作和生活环境，有不同的知识水平和社会阅历等，所以，提问前应参考对象的具体情况。对象不同，提问的内容和方式自然要有所区别。

（7）适当提问

提问一定要讲究得体、便于对方回答。提问能否得到完满的答复，在很大程度上取决于怎样问。适当的提问，能使人明知其难也喜欢回答。当我们需要对方毫不含糊地明确答复时，适当提问是一种较理想的方式。

（8）诱导提问

这种提问方式是巧妙地诱导对方说出自己的心里话，同时它也是一种"迂回"对策。

（9）启示提问

这种提问方式重在启示。要想告诉对方一个道理，但又不方便直接地说，通过提问引起对方思考。启示提问可以采用声东击西、先虚后实、借古喻今等方式。

（10）限制提问

限制提问能帮助提问者获得较为理想的回答，避免被提问者拒绝。有目的、有意识地让对方在一定范围内做出回答。

我们在生活和工作中，常常需要别人的帮忙，用问话的方式征求意见，对促进交流、获取信息、了解对方有很重要的作用。一个善于提问的人，不仅能掌握谈话的进程，还能控制谈话的方向，同时还能拨开对方的心扉，使其心甘情愿地为你做事。

3. 恰到好处地赞美别人

马克·吐温曾说过："一句精彩的赞美可以代替我10天的口粮。"渴望得到赞美是每个人内心中最迫切的需求之一，恰到好处地赞美别人，自然会得到别人的回应与赞美。

在许多场合，适时、得当的赞美常常会发挥它的神奇功效，林肯曾经说过："人人都需要赞美，你我都不例外。"人人都渴望赞美，这是人们的共通心理。在人与人之间，无论是朋友之间、夫妻之间、师生之间、父母和子女之间还是领导与下属之间，互相赞美是必不可少的。

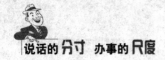
　　有一位著名的企业家给员工陈述了这样一件事情。在他还是一名见习服务员的时候，常常对生活不满意。特别是上班的第一天，他在杂货店里忙活了整整一天，累得筋疲力尽。他的帽子歪向了一边，工作服上沾满了点点污渍，双脚越来越疼。他感到疲倦和泄气，觉得自己什么也干不好。好不容易为一位顾客列完了一张烦琐的账单，但是这位顾客的孩子们却三番五次地更换冰激凌的订单，他这时候已经到了忍耐的极点。这时候，这一家人的父亲一边给他小费，一边笑着对他说："干得不错，你对我们照顾得真是太周到了！"突然之间，他就感觉到疲倦消失得无影无踪了。后来，当经理问到他对头一天的工作感觉如何时，他回答说："挺好！那几句话似乎把一切都改变了。"

　　忙碌的现代人在忙碌中逐渐丢掉了许多东西，包括短短的几句赞美之语。其实，赞扬就像是照在人们心灵上的阳光，没有阳光，我们就无法发育和成长。赞美不仅是一种悦耳的声音，更是一种力量，一种可以提升我们生活质量的强大力量。

　　某饭店有个著名的厨师，他的拿手好菜是烤鸭，深受顾客的喜爱，特别是他的老板，更是倍加赏识，不过这个老板从未给过厨师任何鼓励，这使得厨师整天闷闷不乐。有一天，老板有朋友从远方来，便在家设宴招待贵宾，点了数道菜，其中一道是老板最喜欢吃的烤鸭。当老板夹了一条鸭腿给客人时，却找不到另一条鸭腿，他便问身后的厨师："另一条腿到哪里去了？"厨师说："老板，我们家里养的鸭子都只有一条腿！"老板感到诧异，但碍于客人在场，不便问个究竟。

饭后，老板便跟着厨师来到鸭笼旁边问个究竟。这时正是夜晚，鸭子正在睡觉，每只鸭子都只露出一条腿。厨师指着鸭子说："老板，你看，我们家的鸭子不全都是只有一条腿吗？"老板听后马上拍掌，鸭子当场被惊醒，都站了起来。老板说："鸭子不全都是两条腿吗？"厨师说：对，不过只有鼓掌拍手时，才会有两条腿呀！"老板明白了厨师的用意，笑着走了。此后，老板像对待自己的孩子一样对待他的下属，从不放过每一次赞美和鼓励的机会，大家都像一家人一样。几年后，老板在许多地方都开了分店。

英国大文豪莎士比亚说："赞美，即是我的薪俸。"在人际关系中，每个人都希望与别人和睦相处，获得好人缘，获得亲朋好友的尊重和认可，渴望在社会上谋求一席之地，实现自我价值。总之，对赞美的渴求源于人的本性，具有无穷的力量。人不仅需要物质需求，更重要的还有精神需求，赞美给予人们的不仅仅是自尊心，它还能给人自信和力量，这种精神的力量是无法用其他东西所代替的。

有这样一则笑话：

古时候有一个说客，当众夸下口海说："小人虽不才，

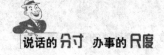
但极能奉承。平生有一愿望，就是要将1000顶高帽子给我最先遇到的1000个人戴，现在已送出了999顶，只剩下最后一顶了。"有个长者听后摇头说道："我偏不信。你那最后一顶用什么方法也戴不到我的头上。"说客一听，忙拱手道："先生说的极是，不才从南到北，闯了大半辈子，但像先生这样秉性刚直、不喜奉承的人，委实没有！"长者顿时手拈胡须，洋洋自得地说："你真算得上是了解我的人啊！"听了这话，那位说客立即哈哈大笑："恭喜恭喜，我这最后一顶帽子刚刚送给先生你了。"

虽然这只是一则笑话；但它却有深刻的寓意。除了那位说客的机智外，更包含了人们无法拒绝赞美之辞的道理。

有一点应当明确，赞美不等于奉承，欣赏不等于谄媚。恭维与欣赏领导的某个特点，意味着肯定这个特点。只要是优点、是长处、对集体有利，你就可以毫无顾忌地表达你的赞美之情。领导也需要从别人的评价中，了解自己的成就以及自己在别人心目中的地位。当受到称赞时，人的自尊心会得到满足，并对称赞者产生好感。你的聪明才智需要得到赏识，但在别人面前故意显示自己，则不免有做作之嫌。领导会因此认为你是一个自大狂，恃才傲物、盛气凌人，而在同事的心目中，也会觉得你难以相处，彼此间缺乏一种默契。学会说赞美的话，当你托人办事时，你将会领悟到其中的妙用。

渴望得到赞美是每个人内心中最迫切的需求之一，恰当地赞美别人，自然会得到别人的回应和赞美。当你赞美别人的时候，好像用一只火把照亮了别人的生活，使对方的生活更加有光彩；同时，这只火把也会照亮你的心田，使你在这种真诚的赞美中感到愉快和满足，并激起你对所赞美事物的向往之情，引导自己朝这个方向前进。

4. 能说会道好办事

在日常生活和工作中我们常常会有求于人。如求人办事，或求人给自己提供方便、机会或具体的东西等。

"求"有多种多样的方式，其中很大一部分需要口头提出。但凡有求于人者，总希望被求者乐意答应自己的请求。既然是这样，提出请求时也就得讲究一些技巧。人们不难发现，同样的"求"，不同的人用不同的方法表述出来，所得到的结果往往不一样。

所以，在求人时，从以下几方面入手可以带来很大的帮助。

（1）替对方着想

有求于人时，还要替对方想一想，你提出的请求将会给对方造成哪些压力，可能存在哪些困难。这些难处，你说出来比由他本人说出来要好得多。"我知道这件事会给您添许多麻烦，但我没有别的门路，只能拜托您了。"这样说，较易让对方乐于为你办事。

（2）礼貌不可少

请别人帮忙时，措辞一定要讲究礼貌，以表露出对别人的尊重。比如："麻烦，请您让一让好吗？""打扰您一下，您能告诉我到某某地方该怎么走吗？"

如果用生硬的口吻提出要求，肯定会招致对方的反感，即使对方碍于情面不好拒绝，但内心肯定不快，甚至可能心生埋怨。

（3）充满自信

有求于人时，要充满自信，才能说服对方。为了使我们所说的话具有说服力，切不可疑惧，应该满心欢喜地盼望，并充满自信。

（4）谦逊礼貌

通过抬高对方、贬低自己的方法把请求表达出来，显得彬彬有礼、毕恭毕敬。例如："您老就不要推辞了，弟子们都在恭候呢！"

请求别人帮助，最为传统有效的做法是尽量表示虔诚，使对方感到备受尊重，乐于从命。有时办事要先把问题的难度说出来，让人觉得你是不得已而为之，明知自己知道不该说但还得说。例如："真不该在这时候打搅您，但是实在没有办法，只好麻烦您一下。""我知道你手头也不宽裕，不过实在没办法，只好向你借一借。"

（5）语气肯定

每个人的自尊心都很强，很容易因为某些微不足道的事而自尊心受损。如此一来，会表现出反感、甚至拒绝的态度。所以要对方听你说话首先得先倾听对方要表达些什么。所谓"说话语气肯定"并不是指肯定对方说话的内容，而是指留心对方容易受伤害的感受。

如果我们无法在内容上赞成对方的想法，我们可以告诉对方："你所说的，事实上我本身也曾考虑过。"然后再问对方："那你对这件事有何看法呢？"将判断的决定权交给对方。这并不是单纯地保护对方的自尊心，也是自己的谦虚表现，以这种形式更易获得对方的认同。

（6）给对方承诺

即在求助时许以互利的承诺，让对方觉得他的付出值得。求人时，别忘了表示愿意给对方回报或将牢记对方所提供的帮助，即使不能马上回报对方，也一定会在对方有困难的时候鼎力相助。配以"互利"的承诺，让对方觉得付出值得，同时对求助者也多一份好感。

（7）逼入"绝境"，让对方无路可退

就是事先设计好交谈的步骤，堵住对方的退路，使对方诚恳地接受你的请求。

有一次，某校针对学生流失严重的现象，计划召开家长大会。教务主任找到了书记，说："我现在把工作向您汇报一下……其中我校一个最突出的问题就是学生流失严重，这势必会带来不良影响。"书记接着说："是啊，这个问题不可忽视，应该很好地抓一抓。"主任就趁势说："所以，我们打算马上召开家长会，请您在会上做指示。"说完，书记考虑片刻，便欣然答应了。后来，据书记讲，他本来已经有约在先，只是这事他不便推辞，只得舍彼求此。

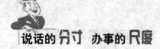
（8）真诚地"捧"对方

所谓真诚地"捧"在这里是指恰到好处、实事求是地称赞所求的人，并不是漫无边际、令人肉麻的吹捧，而是说点对方乐意听的话，也不失为一种巧妙求人的办法。

（9）运用商量式语气

当你需要别人帮助时，切莫武断地发布命令，用婉转、商量的语气，效果会更好。

用商量的语气把要办的事说给对方，如，"您看，能不能快点把这事给办一下呀？"把请求、建议等表达出来，给对方和自己留下充分的退路。又如，"您可能不愿意接受，不过我还是想请您考虑一下。"

在向别人提出建议时，如果清楚对方可能不具备相关条件或意愿，那就不要强人所难，自己也显得很有分寸。可以先提出部分对方能欣然接受的要求，然后再步步深入。我们会发现，人们在提出某些请求时往往会把大事说小，这并不是哄骗对方，而是适当减轻给别人带来的心理压力，同时也使自己便于启齿。

比如，妻子从单位回来，对正在看书的丈夫说："今天我想加一会儿班，你能不能去接孩子，再做做饭？"这种尊重对方的商量的口吻，对方是很乐意接受的。

这样说，不但能达到目的，而且使彼此关系和谐融洽。然而，如果使用命令的强硬口吻，一定会引起争吵。

现实中，办事只需要那么一点能说会道、打动人心的艺术；生活中，我们需要求人，需要说服人，需要维系人与人之间融洽的关系。有些人不会说话，结果总让自己活在进退不能自如的紧张、压迫之中，每天气喘吁吁、惊惧不安；有些人懂得说话的艺术，有一张好嘴巴，如果他们本来平庸，这张好嘴巴能让他们出类拔萃，如果他们本来优秀，这张好嘴巴令他们更锦上添花。

5. 会说"恭维话"的人才吃香

在这个社会上，会说恭维话的人，肯定比较吃香，办事儿顺利也就顺理成章了。当一个人听到别人的赞美时，心中总是非常高兴，脸上堆满笑容，口里会说："哪里，我没那么好，你真是很会讲话！"即使事后回想，明知对方所讲的可能是恭维话，却还是没法抹去心中的那份喜悦。

爱听溢美之词是人的天性，虚荣心是人性的弱点。当你听到对方的吹捧和赞扬时，心中会产生一种莫大的优越感和满足感，自然也就会高高兴兴地听取对方的建议。

某人到商店里买衣服，在试衣时，卖主惊叹道："啊！真漂亮！你穿起来非常合身，朴素、大方、有风度，比刚刚年轻了几岁。"那人听了非常高兴，本来不想买那件衣服的，听了这样的话却立刻付款了。

人总是喜欢别人奉承的。有时，即使明知对方讲的是奉承话，心中还是免不了会沾沾自喜，这是人性的弱点。一个人受到

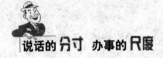

别人夸赞，绝不会觉得厌恶，除非对方说得太不符合实际了。

　　1671年5月，伦敦发生了一起举世震惊的盗窃案，一伙盗贼潜入伦敦市郊马丁塔；想要抢走英国的"镇国之宝"——国王皇冠。因消息走漏，盗贼束手就擒。英王查理二世得知此事，非常震惊，决定亲自审问这些胆大包天的狂妄之徒。于是，罪大恶极的首犯布勒特被押到了国王面前。查理二世看着眼前这位其貌不扬的人，心中暗想：我倒要看看此人究竟有何能耐，居然敢盗国宝。想到这里，便开口问道："听说你还有男爵的头衔？""是的，陛下。"布勒特老实地回答。"我还听说你这个头衔是诱杀了一个叫艾默思的人而得来的。""陛下，我只是想看看他是否配得上您赐给他的那个高位，要是他轻而易举地被我打发掉，陛下就能挑选一个更适合的人来接替他。"

　　查理二世沉思了一会儿，觉得布勒特不仅胆大包天而且口齿伶俐。于是又厉声问道："你胆子越来越大，竟然敢来盗我的王冠？""我知道我这个举动太狂妄了，但是，陛下，我只是想以此来提醒您关心一下我这个生活无依无靠的老兵。""哦，什么？你并不是我的部下！""陛下，我从来不曾对抗过您，现在天下太平，所有的臣民不都是您的部下？我当然也是您的部下。"说到这里，查理二世觉得布勒特更像是个无赖，"那你说吧，该怎么处理你？"

　　"从法律的角度说，我们应当被处死。但是，我们五个人每一个至少会有两个亲属为此而落泪。从陛下您的角度看，多十个人赞美总比多十个人落泪好得多。"查理二世没有想到他会如此回答，接着又问："传说中你是个劫富济贫的英雄，你觉得自己是个勇士还是懦夫？""陛下，我没有一个地方可以安身，到处有人抓我，去年我在家乡搞了一次假出殡，希望大家以为我死了而不再追捕我，这不是一个勇士的行为。因此，尽管在别人面前我是个勇士，但在陛下的权威面前我是个懦夫。"这番强词夺理的辩解竟然让查理二世大悦，最后竟赦免了布勒特。

恭维别人，仿佛是用一支火把温暖了人心，不仅恭维了对方，还能使彼此尽释前嫌、修缮关系。

年轻时的韩信，在受过"胯下之辱"后，追随汉高祖刘邦，屡建奇功，于是有人断言："如果汉高祖没有韩信，根本无法完成统一天下的霸业。"正因如此，后来汉高祖对韩信日益强大的力量畏惧了，于是有意寻找借口，以企图谋反的罪名，要把韩信捕而杀之。

韩信并不为自己辩护，只是说："果然像人家预料的那样，'狡兔死，走狗烹；飞鸟尽，良弓藏；敌国破，谋臣亡。'我韩信只有被烹、被杀了！"

刘邦听了，也觉得韩信乃开国第一功臣，不能要杀便杀，便将他贬王为侯，暂且搁置，以观后效。

韩信受此打击之后，心怀忧愤，整天过着不愉快的日子。一次，久未谋面的刘邦和韩信终于有了一次见面谈话的机会。韩信本善于恭维，便抓住这个机会，适时适事地把刘邦恭维了一番，产生了很好的效果。

两人的话题是从评论将士开始的，但各持的见解不同。

刘邦问韩信："你看我有统率几万大军的能力吗？"

韩信答："陛下最多只能统率10万左右的大军吧！"

刘邦又问："那么，你呢？"

韩信一笑："在下当然是多多益善！"

刘邦也笑着问："那你又为什么被我所用呢？"

这时，韩信开始巧妙地恭维了："陛下虽然没有'将兵'的才能，却具有'将将'的才能。在下之所以被陛下所用，道理也在于此。而且陛下的那种本能是天生的，不是普通人所能具有的。"

韩信如此的恭维，其方式之巧妙堪称一绝。当时刘邦被恭维得浑身通泰，至于他到底如何作答，史书未做记载，但后来韩信就可想而知了。

在社会生活中，会说恭维话的人办事更顺利。当一个人听到别人的恭维话时，心中不免会感到高兴，口里或许会说："哪里，我没那么好！""你真是很会说话！"即使事后冷静地回想，明知对方所讲的是恭维话，却还是没法抹去心中的那份喜悦。

值得注意的是，赞美要发自内心，把对方的优点"秀"出来，所赞美的内容符合事实而非虚构。赞美的语气通常亲切自然、表情真挚，使人感到情真意切。如果赞美他人时，挂着一副冷冰冰的脸孔或满嘴讪笑的口吻，那么，对方八成会认为你在要弄他，是虚情假意，是别有用心。这样的赞美就变了味，反而和讽刺没两样。

6. 巧开口能使对方心甘情愿为你帮忙

当我们遇到麻烦事想求助他人时，会觉得不知怎么开口，毕竟有些不好意思。而事实上，只要掌握了一定的口才技巧，就不会觉得开口是件难事了。

难言之时如何开口，以下几点对我们可能有所帮助。

（1）借他人之口替自己说话

借别人的口，说自己的话，是找寻借口时重要的技巧。难堪的事经由"我听人说"一打扮，就变得不再尴尬；有风险的话，通过别人传过去，便有了进退的余地；不想或不便直接面对的人，也可经第三者从中周旋，穿针引线，化解矛盾。

孙犁在《荷花淀》中描写几位妇女："女人们到底有些藕断丝连。过了两天，四个青年妇女聚在水生家里来，大家商量。'听说他们还在这里没走。我不拖尾巴，可是忘下了一件衣裳。我有句要紧的话得和他说。''我本来不想去，可是俺婆婆非叫我再去看看他——有什么看头啊！'"

这几个青年妇女的丈夫都参军走了，她们的共同心理是很

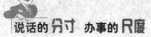

想念自己的丈夫，都很想去驻地探望一下。但是，由于害羞，不好当着众人直接说出来，就各找了一个借口来表达本意，仿佛到驻地去的理由是很充分的，非去不可。这就委婉地说出了自己的意愿。

（2）在轻松幽默的氛围中道出事实

庄重严肃的话题会使人紧张慎重，而轻松幽默的话题，往往能引起感情上的愉悦。在条件允许的情况下，最好能把庄重严肃的话题用轻松幽默的形式说出来，这样对方可能更容易接受。

一个刚毕业的大学生在一家外资企业工作，在较短的时间内，连续两次提出合理化建议，使生产成本分别下降10%—20%。领导非常高兴，对他说："好好干，我不会亏待你的。"

这名大学生当然知道这句话可能意义重大，也可能不值一文。他想要点实在的，便轻松一笑，说："我想你会把这句话放到我的薪水袋里。"领导会心一笑，爽快应道："会的，一定会的。"不久他就获得了一个大红包和加薪奖励。

面对领导的鼓励，大学生如果不是这样俏皮，而是坐下来认真严肃地提出加薪要求，并摆出理由若干条，结局可能会正相反。

（3）转个弯子，套出对方的话

有时，一些话自己说出来显得很难为情，这时，诱导对方先开口无疑是好办法。

李某准备借助于好友刘某的路子做笔大生意，在他将一笔巨款交给刘某的第二天，刘某暴病身亡。李某立刻陷入了两难境地：若开口追款，太刺激刘某的亲人；若不提此事，自己的局面又难以支撑。

帮忙料理完后事，李某对刘某的妻子说："真没想到刘哥就这么突然走了，我们的合作才开始啊！嫂子，刘哥的那些关系户你也认识，你就出面把这笔生意继续做下去吧！需要我跑腿的时候尽管说，吃苦花力气的事情我不怕。"

看他丝毫没有追款的意思，还豪气冲天、义气感人，刘某的妻子很是感动。其实他明知刘妻没有能力也没有心思干下去。话中又加上巧妙的提醒：我只能跑腿花力气，却不熟悉这些门路，困难不小还又时不我待。

结果呢？刘妻反过来安慰他道："这次出事让你生意上受损失了，我也没法干下去了，你还是把钱拿回去再找机会吧。"

（4）采用婉求、诱导法

美国《纽约日报》总编辑雷特想找一位精明干练的助理，他把目光瞄准了年轻的约翰·海。当时约翰刚从西班牙首都马德里卸任外交官一职，正准备回到家乡伊利诺伊州从事律师事业。

雷特请他到联盟俱乐部吃饭。饭后，他提议请约翰·海到报社去玩玩。在这期间，雷特从许多电讯中，找到了一条重要消息。那时恰巧国外新闻组的编辑不在，于是他对约翰说："请坐下来，帮我为明天的报纸写一段关于这消息的社论吧。"约翰自然无法拒绝，于是提起笔来就写。社论写得很棒，于是雷特请他再帮忙顶缺一星期、一个月，渐渐地干脆让他担任这一职务。约翰就这样在不知不觉中放弃了回家乡做律师的计划，而留在纽约做新闻记者了。

由此总结出一条求人办事儿的规律：央求不如婉求，劝导不如诱导。

（5）博得同情，打动对方

某中学无钱修缮校舍，多次循规蹈矩，层层请示，却毫无实效，不得已，决定由女校长向本市一企业经理求援。女校长之所以打算找该经理，是因为这位经理重视教育，曾捐款一万元发起成立"奖教基金会"。遗憾的是，听说他近两年商场的经营一直不理想，校长深感希望渺茫，但是想到全校师生的安全，只好"背水一战"了。

女校长："经理，久闻大名。我近日在省城开会再一次听到教育界同仁对您的称赞，实是钦佩！今日正好路过这里，特来拜访。"

经理："我也只是做了点力所能及的事而已。"

女校长："经理您真是远见卓识，首创'奖教基金会'不但在本市能实实在在地支持教育事业，更重要的是，您的思想影响深远。'奖教基金会'由您始创，如今已由点到面，由本市到外市，甚至发展到全国许多地区，真可谓香飘万里、名扬四海啊！"

女校长紧紧围绕经理颇感得意之处，从思想影响到实际作用等方面予以充分肯定，谈得经理满心欢喜、神采飞扬。

正当此时，女校长自悲地诉说起自己的无能和悔恨："身为校长，明知校舍摇摇欲坠，时刻困扰学生的学习，日夜危及着师生的生命安全，却毫无良策排忧解难。"

听到这里，经理立即起身拍拍胸脯，慷慨激昂地说："校长，既然如此，你就不必再打报告了，需要多少钱我捐献给你们。"

这位女校长可谓十分精明，她在了解对方的情况下，用美誉推崇的方式获得了募捐的成功。首先，她对经理首创"奖教基金会"的行为，从思想影响到实际成效给予了充分的肯定和恰当的赞扬。其次，悲诉自己的"无能"和悔恨，博取对方同情，从而深深地打动了对方，达到了预期的目的

（6）变相"要挟"

一位老师是个非常热心的教育家。有一天，她到附近的图书馆去，想借一些有关教育的书籍。她询问图书馆管理员："一个礼拜能否借25册书？"

图书馆的管理员告诉她：

"一个人一次只能借走两册，这是无法通融的。因为要

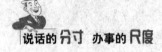

借书的人太多了。"

这个老师听了这些话后，很激动地说：

"我知道，那么，以后我每周都带学生来，让他们每人都借一本。"原来很顽固的图书馆管理员，听了她的话后，突然改变了态度，取消了原来的规定。

在这件事中，最令人痛快的莫过于，当这位老师提出要让每一个同学来借书时，图书馆管理员就打破了要遵守规定的规则。图书馆管理员虽然知道应该遵守规定，但他又厌恶繁杂的工作，对工作不热心，所以才做出上面的决定。

求人办事想要获得好的结果不是件容易的事情。所以，要使对方心甘情愿为你帮忙，就必须练就一口伶牙俐齿。

7. 一句话能把人说跳，也能把人说笑

在现实生活中，我们常会碰到这类情况：一句诚实、有礼貌的语言，可平息一场不愉快的争吵；一句粗野污秽的话，可导致一场轩然大波。"一句话能把人说跳，一句话也能把人说笑"，"良言一句三冬暖，恶语伤人六月寒"就是这个道理。言语是思想的衣裳，谈吐是行动的羽翼。它可以表现一个人的高雅，也可以表现一个人的粗俗。言谈高雅即行动之稳健，说话轻浮即行动之草率。

　　大家知道，相声是一门语言艺术。我们不难看出，相声正是很好地利用了语言这种交流工具，巧妙地调动听者的情绪，让听者兴奋起来，大声笑出来，它足以说明善语与恶话的区别，很难想象一个人想什么就直接说什么会演好相声。话说得合适，不仅能体现自身高雅的修养，也能够让别人很舒服地接受你的观点或意见，使人愿意接近你，没有谁喜欢那种经常用恶语伤人的人。

　　有一个朋友过生日，请亲戚朋友在饭店里吃饭。他还特意穿上了他以前去香港旅游时买的一件乳白色的蚕丝衬衫，他自我感觉非常好。宴席前，他神采奕奕地向大家敬酒。结果一个朋友突然冒出了一句："哥们儿，这衬衫可过时了啊！什么年代的东西了？看，上面什么啊，疙疙瘩瘩的！"过生日的这个朋友听了脸色很是不好看，半天都说不出一句话，有人赶紧站起来打圆场，对那个不会说话的朋友说："你这小子外行了吧！这是蚕丝衬衫，价格贵着呢。而且这种衬衫不会有褶皱，不管多少年，照样跟新的一样。"饭桌上的其他人也立即应和着，纷纷称赞主人的衬衫珍贵而漂亮。过生日的朋友舒心地笑了。只是短短的几句话使这顿生日宴会又在欢乐的气氛中继续下去。

　　在日常交往中，与人谈话往往是很愉快的事，但也有自己说的话被别人误解的时候。因为我们日常交谈中，相同的话，在不同语境中往往有不同的含义，有的甚至完全相反，无法正确表达给我们带来不少麻烦，遇到这种情形，一定要慎重选择言辞，切

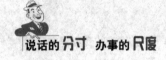
勿鲁莽行事。

　　有一位业务素质很好的同事，因为与某位上司意见不合，在公司改组过程中，被调派到车间，这使他很消沉。许多人劝他说："这样对你不公平，还是跳槽吧。"在别人怂恿下，他打好辞职报告，准备递交。但是，有一位老友却对他说："世上没有过不去的坎，我相信你会东山再起的。"这句话对他帮助很大，他觉得只要自己不放弃，就还会有机会。他认真做好自己的工作，在车间里获得的好评仍然如初。过了一年，那位上司被调走了。新一届领导班子上任，他理所当然地被抽调到公司经营部门。现在，他已是公司的副总经理了。

　　看看这位同事的老友，用鼓励的语言化解了他内心的疙瘩。这就提醒我们说话时要注意分寸，多讲良言。
　　下面这个故事大家可能都听说过：

　　张三请了甲、乙、丙、丁四位朋友来吃饭。乙、丙、丁三人如约而至，只有甲迟到。张三一边看着表，一边自言自语地说："该来的怎么还不来？"乙听了很不高兴地问：那么，我是不该来的啦？"说完就气哼哼地走了。
　　张三连连叹气："哎，不该走的又走了！"丙觉得张三弦外有音，暗想，既然乙不该走，那么是自己该走？他也不辞而别。

张三更急了："我又不是说他！"站在一边的丁再也忍不住了，暗想："既然不是说丙，那么只能是说我了。"他也悄悄地走了。

一会儿，甲来了，张三唉声叹气："不该走的都走了。"甲听了暗想，原来是我该走，于是也走了。

结果来的客人一位没剩，只留下了不知所措的张三。

谈话中，习惯用礼貌语言，就会给人"良言一句三冬暖"的感觉，使感情顿时亲切融洽起来。说话要分场合、要看"人头"、要有分寸，最关键的是要得体。不卑不亢的说话态度，优雅的肢体语言，活泼俏皮的幽默语言……这些都属于语言的艺术。娴熟地使用这些语言艺术，你的人生会向成功迈进！

8. 为了避免尴尬，不妨正话反说

人们常常说，真理向前一步就可能变成谬误，同理，反面的话稍加引申就可能成为反面的反面——正面。正话反说所能起到的作用，往往比一本正经的规劝和说教效果要好得多。

汉武帝刘彻有位乳母，在宫外犯了罪，被官府抓了，官府禀告了汉武帝。汉武帝心中十分为难，毕竟是自己的乳母，滴水之恩当涌泉相报，何况自己是喝乳母的乳汁长大

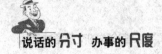
的。但是，天子犯法与庶民同罪，如果不处置她，有失自己天子的尊严，以后何以君临天下。思来想去，汉武帝决定以大局为重，依法处置自己的乳母。

乳母深知汉武帝的为人，知道自己凶多吉少，便想起了能言善辩的东方朔，请求东方朔帮自己一把。

东方朔也颇感为难，他想了想说："办法也有，但必须靠你自己。"

乳母急切地问："什么办法？"

东方朔说："你只要在被抓走的时候，不断地回头注视武帝，但千万不要说话，也许还有一线希望。"

乳母虽不解其中玄机，但还是点了点头。

当传讯这位乳母时，她有意走到武帝面前向他辞行，用哀怨的眼神注视着武帝，几次欲言又止。汉武帝看着她，心里很不是滋味，有心想赦免她，又苦于君无戏言，无法反悔。

东方朔将这一切看在眼中，知道时机成熟了，便走过去，对那位乳母说：

"你也太痴心了，如今皇上早已长大成人，哪里还会再靠你的乳汁活命呢？你不要再看了，赶紧走吧。"

武帝听出了东方朔的话外之音，又想起了小时候乳母对自己的百般疼爱，终于不忍心看乳母被处以刑罚，法外开恩，将她赦免了。

东方朔一番反弹琵琶终于救了这位乳母。

当我们遇到一些不愉快的事情时，用正话反说的方法可能会收到意想不到的好效果。

有一顽童，大年三十那天，一大早便出门找伙伴玩耍去了。玩了一段时间后，发现自己头上一顶崭新的帽子不知何时丢了。于是心惊胆战地跑回家去，对他妈妈"汇报"了一下大体情况。要是在平时发生这种情况的话，妈妈一定会大声斥责他。可是今天是大年三十，不能骂孩子，尽管心里很火，也硬忍着没有爆发。这时来他家串门的邻居王叔听了后，笑着说："狗娃子的帽子丢了，这没关系，这不是正好意味着'出头'了吗？今年你一定走好运，有好日子过了。"一句话，说得孩子的妈妈转怒为喜，并附和着说："对？对！狗娃从此出头了。"于是大家一阵哈哈大笑。从此邻居王叔的形象一下子在人们心目中高了许多。

在客客气气的社交谈话中，直话直说是致命伤。别误解，这不是在鼓励说谎。这里讲的是一种高深的、和斗牛相似的艺术。

某护士刚从医学院毕业，怀着满腔热情到市里的一家医院实习。实习的第一天，带她的医生让她到6床，把病人的病情好好跟病人说一下，告诉病人只剩下6个月的时间了。

护士听完医生的话，就拿着6床的病历到了病房。一进病房她就大声喊道："6床的病人做好心理准备啊，你只剩下6个月的时间了。"病人听完后一下子承受不住，当场就昏了过去。主治医生知道后狠狠地教训了她："病人因为身体的疾病已经很痛苦了，你怎么可以这样直接就告诉他呢？万一出现什么后果，你负得起责任吗？"9床的患者只剩二十几日了，你再去通知一下，要切记，不要大声说，也不可以直接说出事实。

这次护士很听话，她面带微笑地走进病房，轻轻地来到9床病人面前，贴近他的耳朵说："好好猜猜，20天后谁会去见上帝？"

我们不能说这个护士没有能力，但是她的语言表达方式实在令人不敢恭维。

一个人只有注意说话时的环境，做到情景相宜，才能取得良好的说话效果，那些不看场合乱说话的人难免要碰钉子。

楚庄王是"春秋五霸"之一，在他争得中原霸主地位后，开始沉溺于酒色之中，没有当年争夺霸权时的那种锐意进取精神了。

一次，楚庄王得到一匹身躯高大、色泽光鲜的骏马，心里高兴极了。楚庄王便从此一心扑在这匹马身上，嗜马如命。不料事与愿违，没过多久，这马便死了。楚庄王非常痛苦。为了表达他对爱马的真情，决定为马发丧，金殡玉葬，以大夫礼葬之。

楚庄王的决定一发布，立即遭到群臣的反对，许多忠直之士以死相谏，但楚庄王主意已定，谁也无可奈何。正当群臣摇头叹息之际，突然从殿门外传来号啕声。楚庄王惊问是谁，左右告之是侍臣优孟。于是，楚庄王立即传令优孟觐见，问道："爱卿，何故大哭？"

优孟一边抹眼泪，一边哭哭啼啼地说道："堂堂一个楚邦大国，有什么事情办不到，有什么东西得不到？大王将自己所爱之马以大夫之礼下葬，不但不过分，而且规格还嫌低了。我请大王应该将爱马以国君之礼葬之，赐以玉雕棺材，好木头做的棺椁，而且要全国民众抚土掩埋，通知邻国来吊唁。这样让诸侯们也好知道大王您看重马而轻于人，这不是很明智的举动吗？"

优孟的话音刚落，群臣一片喧哗，以为优孟之说，十分荒唐。楚庄王一听，却沉默不语，细细品味优孟话中的真意。寻思良久，低着头慢慢地说："我说以大夫之礼葬之，确实太过分，但话已传出，现在能怎么办？"

优孟一听，马上接口道："我请大王将死马交给厨师，用大鼎烹饪，放上调料，煮熟后，马肉让群臣饱餐一顿，马骨头以六畜之礼下葬。这样，天下人以及后世就不会笑话您了。"

楚庄王找到了一个台阶下，群臣大吃了一顿马肉，事情也就此了结了。

优孟的一席话，劝阻了楚庄王荒唐的行为，但是为什么其他的大臣劝谏不成呢？原因就在于他们没有掌握正话反说的技巧。

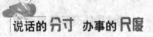

我们必须牢记"说话莫忘看场合"。因为，心理学告诉我们，在不同的场合环境中，人们对他人的话语有不同的感受、理解，并表现出不同的心理承受能力，正因为受特定场合心理的制约，有些话在某些特定环境中说比较好，但在另外的场合中说未必佳；同样的一句话，在这里说和在那里说效果就不一样，说什么、怎么说，一定要顾及说话环境，才能取得良好的效果。总之唯有巧妙地利用语境，做到情景相宜，才能攻破人们的心理防线。

9. 花钱花在刀刃上，说话要说到点儿上

古人云"山不在高，有仙则名；水不在深，有龙则灵。说话也是如此，话不在多，点到就行。"在生活节奏紧张快速的现代社会中，没有人愿意花费大量的时间去听你的长篇大论。这就要求你在谈话时要做到言简意赅、一针见血。

《三国演义》中有一段"白门楼斩吕布"的故事。吕布被曹操所擒，曹操考虑到吕布的本领高强，有心饶他不死，留下为己所用。为此，他征求刘备的意见。刘备担心吕布归顺曹操后，不利于日后自己称雄天下，希望曹操处死吕布。刘备本可以列举吕布的很多劣迹恶行，但他仅选择了吕布心狠手辣、恩将仇报、亲手杀死义父的典型事例来说服曹操。

刘备说："公不见丁建阳、董卓之事乎？"一句话，提醒曹操想到吕布反复无常的性格，明白这人很难成为心腹，弄不好自己还会成为吕布的刀下鬼。于是，曹操下决心，立斩吕布。

小事如果处置不当，也会酿成祸害。很多时候能不能说话、善不善于说话，可就是性命攸关的大事了。话要说到点子上才能起到关键性的作用，所以话并不是说得越多才越有说服力，要抓住谈论的要害，才能事半功倍。因此要想在人际交往中处于不败之地，就要有个好口才，就像我们辩论一样，抓不住对方的论点要害，永远也不会把对方击败。

汉武帝好巡游，一次在鼎湖病后到甘泉视察，发现甘泉官道坎坷难行，出行前未整治，不禁怒从心起："难道义纵觉得我必定驾崩鼎湖，连甘泉也来不了了吗？"

这件事本是义纵的疏忽，但情急之中义纵竟难以置辩。不久，汉武帝就找借口杀了义纵。

同样是汉武帝，好骑马游猎，一次大病之后，猛然发现宫中御马竟比以前瘦了许多。他喝令叫来管马的上官桀，骂道："你是不是以为我该病死，连御马也看不到了？"说罢便要治罪。

上官桀非常机智，急忙申辩说："臣万死不辞，唯知陛下圣体欠安，臣日夜忧虑，无心喂马。臣确实已失职，愿杀愿罚，请陛下降罪，只要陛下圣体健康，臣死而无憾！"言

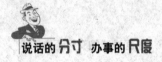

未毕，上官桀泣不成声。

没有养好马与没有修好官道一样，都是没有尽到职责，但是上官桀却很高明地将失职转成尽忠的表现。言语之间，使汉武帝觉得他极为忠诚。结果，上官桀不仅没有被杀头，反而受到重用，累官至骑都尉。可见能言善辩，说中要害最关键，在危急时刻不仅能扭转形势，还能保住自己的性命。

一个人的语言能力对人类社会的发展和进步有举足轻重的作用。早在春秋战国时期，中国古代的思想家、教育家孔子已将语言表达提高到一个十分重要的地位："一言可以兴邦，一言可以丧邦。"德国诗人海涅也曾经说过："言语之力，大到可以从坟墓唤醒死人，可以把生者活埋，把侏儒变成巨人，把巨人彻底打垮。"21世纪是一个竞争激烈的时代，是高度发展的经济信息社会。经济的飞速发展，信息的迅速膨胀，以势不可挡的势头摆在我们面前。由于世界科学技术的不断发展，时代对人才的需要也在不断发生变化。在现代化的信息社会里，时代对人才素质的一个基本要求就是要具有较强语言表达能力。

美国加利福尼亚州的大亨乔治，资产逾10亿美元。某年他与商业伙伴戴维从加州飞往中国某大城市，准备投资建厂，寻找合作伙伴。三天后，乔治坐到了谈判桌前，谈判对象是我国某一大型企业的领导。这位领导精明能干，通晓市场行情，令乔治颇为欣赏。听了这位领导对合资企业的宏伟设想后，乔治感到似乎已看到了合资企业的光辉前景。正准备签约时，忽听这位领导又颇为自豪地侃侃而谈道："我们企业拥有2000多名职工，去年共创利润700多万元，实力绝对雄厚……"

听到这儿，乔治暗暗地掐指一算：700万元人民币折成美元是90余万，2000多人一年才赚这么点儿钱？而且，这位领导居然还十分自豪和满意。这令乔治非常失望，离自己预定的利润目标差距太大了！如果让这位领导经营的话，是很难有较高的经济效益和利益的；于是决定立即终止合作谈判。

试想一下，如果那位领导不说最后那句沾沾自喜的话，谈判也许会以另一种结局告终。那位领导最后那些不着边际且画蛇添足的话，不仅暴露出他自身的弱点，而且令外商失去了与之合作的信心，最终打消投资意向。

我国现代化的宏伟事业，需要越来越多的优秀人才具备适应市场经济的交际能力。因此，未来对人才有一个共同的要求就是要善于说话。"能言善辩"的表达能力是竞争的重要工具。各个领域、各个阶层人士的交往越来越频繁，语言交际的地位越来越重要。语言交流作为社会交际的最基本最便捷的工具日益受到重视。这是谁也回避不了的事实。"从某种程度上来说，它比写更实际、更为人们迫切需要。"因此，我们要有出色的语言组织能力，善于总结自己的观点，语中要害。在开口之前，先让舌头在嘴里转个圈，把多余的废话减掉，一开口就往点子上说，才能在激烈的社会竞争中处于不败之地。

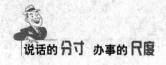

10. "软磨硬泡"有奇效

"磨"在求人办事中有着神奇的魔力。这种方法看起来有些不可思议，但是有时只有这样才能办成大事。有些人脸皮太薄，自尊心太强，经不住人家首次拒绝的打击。只要前进一受阻，他们就脸红，感到羞辱气恼，要么与人争吵闹崩，要么拂袖而去，再不回头。

看起来这种人很有几分"骨气"，其实这是过分脆弱的自尊导致他们只顾面子而不想千方百计达到目的，这样对自己没有好处。

因此，我们在求人时，既要有自尊，又不要过分自尊。有时脸皮不妨厚一点，碰个钉子，脸不红、心不跳、不气不恼，照样微笑与人周旋，只要还有一丝希望就要全力争取，"软磨硬泡"会有奇效。

有位香港女作家，在浓浓的浪漫情调中与内地某男士结下良缘，她曾经称那位男士是追她的男朋友中条件最差的。

事情的起源要追溯至几年前，那是她第一次赴上海，为自己的小说授权到上海某家出版社出版进行洽谈。一次晚宴上，女作家和该男士相遇，男士深为女作家的人生体验所激动，晚宴后就告诉她一句惊人之语："我可以追求你吗？"她当时只当成是一句玩笑话。不料男士真的开始展开猛烈追击，每天从早上开始，他带了好多朋友，一起在她下榻的大酒店"站岗"。对于男士此举，女作家感觉如遇恐怖分子，不敢踏出饭店一步。而紧盯不放的男士便不断以电话"骚扰"女作家，并告知她"如果再不露面，便要通知你的所有朋友，告诉他们我要追你。"被逼得无路可跑的女作家，急中生智说："你请我喝咖啡，我们好好聊聊。"

她知道这位男士的收入低，索性一口气喝了五六杯咖啡，准备让追求者"破产"。结果他也跟着叫了五六杯咖啡，结账时不但没有囊中羞涩，反而给了服务员一笔数目不小的小费。女作家让对方知难而退的计谋没有得逞。

最激烈的是，女作家在上海的最后一夜，鼓足勇气的那位男士，竟在大庭广众之下大胆亲吻了女作家。霎时花容失色的女作家久久不能言语，随后激动得几乎落泪说："你怎么可以这样。"当她离开上海，那男士更是一路穷追猛打。追赴西安，电话不断……

至此，女作家说："只要我存在地球上一天，似乎就无法逃出他的手掌心。"只好投降，宣布结婚。

"磨"是一种特殊的求人术。它能以消极的形式争取积极的结果，可以表现自己不达目的不罢休的决心和毅力，给对方施加压力，也可以增加接触机会，更充分地表明自己的态度、思想

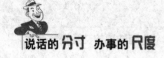

和感情，以影响对方的态度，以达成功的目的。这种战术看似简单，里面的学问却不小，怎样才能"磨"到点子上，主要表现在以下几个方面。

（1）足够的耐心是"磨"的前提和基础

当事情出现僵局时，人们的直接反应通常是烦躁、失意、恼火甚至发怒，然而，这无助于事情的解决。此时应理性地控制自己，采取忍耐的态度。

因为，忍耐所表现的是对对方处境的理解，是对转机到来的期待和对求人成功的自信。有了这种心境，你就能在精神上使自己处于强有力的地位，能够稳住方寸，调动自己全部的聪明才智，想方设法突破僵局。即使消耗一定的时间也在所不惜。

另外，"磨"消耗的是时间，而时间恰恰是一种武器。时间对谁都是宝贵的，人们最耗不起的是时间。所以，如果你以足够的耐心，摆出一副"打持久战"的架势与对方对垒，便会对对方的心理产生震慑。以"磨"的方式缠住对方，促其改变初衷，加快办事速度。所以，你要沉住气，耐心地牺牲一点时间，反而可以争取到更多的时间。

（2）学会"软磨硬泡"

"软磨硬泡"，不仅要能"磨"还要会"泡"。换言之，"泡"不是消极地耗时间，也不是硬和人家要无赖，而是要善于采取积极的行动影响对方、感化对方，促进事态向好的方向转化。

俗话说"人心都是肉长的"，不管双方在认识上差距有多大，只要你善于用行动证明你的诚意，就会促使对方去思索，进而理解你的苦心，从固执的框子里跳出来，那时你就将"泡"出希望。

（3）经常出现在对方的视野中

经常出现在能让对方看到的场合，例如，对方的办公室、家里等。要守时，让对方发现你一到点就赶来了，感知你的诚意。这样，对方在自己的视野范围内总能看到你，也就总能想到你的事情了。

（4）要适时巧言攻心

有时候你去求人，对方推着不办，并不是不想办，而是有实际困难，或心有所疑。这时，你若仅仅靠行动去"泡"，很难奏效，甚至会把对方"泡"火了、缠烦了，更不利于办事。

如遇这种情形，嘴巴上的功夫就显得十分重要了。要善解人意，抓住问题的症结，巧用语言攻心。

（5）"磨"是一种静静的礼貌等待

等待对方尽快给予答复。不要让对方觉得你是故意找麻烦，故意影响他的工作和休息。要通情达理，尽量减少给对方造成扰，这样，才能"磨"成功。"磨"可以不露锋芒、不提要办的事，只是不间断地接近对方，使双方关系渐近，让对方更多地了解你，产生同理心，从而产生帮助你的意愿。也就是，想办法与对方接近或与对方家人接近，并通过各种办法与他们搞好关系，从感情上贴近。这种感情上的"磨"，对方是难以拒绝的。

话是开启心灵的钥匙。当你把话说到点子上时，就会敲开对方心灵的大门。那么你的"磨"也就真正起到作用了。

第三章

细节决定成败，
你需要注意的说话细节

　　俗话说"细节决定成败"，每个人都会
说话，但是如何能够把话说得恰到好处，说
得滴水不漏，并不是每个人都能做到的。究
其原因，在于说话者没有抓住细节，忽视了
细节的作用。

1. 说话得当才能引人入胜

在交际生活中，免不了会遇到需要我们说几句话的场合，这时候，如果话说得恰当，就能使事情获得圆满的结果。

擅长沟通的人，总可以流利地表达出自己的意愿，也能把道理说得比较透彻、动听，使别人很乐于接受，甚至有时候还可以从交谈中立即判断出对方的意图，或从对方的话语中得到启发。他们能通过对话，增进了解，与对方建立良好的关系。

我们常常看到一些不擅长说话的人所遭遇的情形恰恰相反。他们常常不能完整地表达出自己的意图，往往对方费神听，却又无法明白他们话中的意思，这就使沟通出现了困难。

遇到有事情与别人洽谈，或与别人合作的时候，擅长说话的人总可以很愉快地把许多事情谈成功，而遇到不会说话的人却往往与对方不欢而散。

"信口开河""放连珠炮"都是不好的说话方式。"信口开河"并非表示你很会说话，相反，这证明你说话缺乏诚意、不真实、不负责任。形容一件事或者一个人，都必须恰到好处，别以为夸大其词可以收到好效果，事实上，言过其实，反而会被人轻

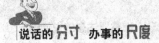

视。至于说话像"放连珠炮",那只会使人厌烦。

再者,说话是将字、句组合起来以声音的形式传递。"话"的实体还是字眼本身。运用字眼有以下几个原则:

(1)说话要越简洁越好

有些人叙述一件事情,喜欢卖弄才华,用重复的形容词,或用西方语言特有的修饰手法,或穿插一些歇后语、俏皮话,或引用经典、名人语录……如果费了很大的劲,对方却不知道你在说什么,反而让人觉得你不踏实。有些人在说话时,东拉西扯,语言缺少组织性和系统性,亦给人不知所云的感觉。

在说话时记住说得简明扼要就行了,在话未出口时,先在脑子里构思一个轮廓,然后再按顺序一一说出来。

(2)词汇不要重复使用

说一句"为什么"就够了,而有些人却要说:"为什么?为什么?"答应别人一件事,说一两个"好"就足够了,但有些人却说"好好好好",这些重复的词汇,在加强语气时才用,其效果也与单独一个词语有差别。

(3)同样的名词不可用得太多

某人在解释月球上不可能有生命这一问题时,在几分钟内,把"从科学的观点上说"这句话用了二三十次。任何显示才华或新颖的词,用多了就会失去它的价值。

第一次用花来比喻女人是最聪明的,但第二次再用它就显得愚蠢了。我们当然不必拘泥上面所说的,每说 件事都要创造一个新名词，但把一句话在同一事件中反复来用，就会使人厌倦。

　　有一次，一位幼儿园老师讲故事。说到某公主，她说："这公主是很美丽的。"说到太阳，她也说："这太阳是很美丽的。"此外说到水池、小羊、草地、高山，她也都用"很美丽的"来形容。结果小朋友们问她："老师，到底哪一个是最美丽的？"

　　她为什么不用"可爱的""柔嫩的""明亮的"等修饰词语呢？这不是可以增加听者的兴趣吗？

　　（4）要改掉说口头禅的习惯

　　当某一句话成为你的口头禅时，你就很容易被它束缚住，以致无论你想说什么、不管是否适用，都会脱口而出。这毛病是容易被人取笑的。你或许爱说"岂有此理"，也许爱说"绝对的"，也许爱说"没问题"，但这些和你说的话毫不相干的口头禅，还是尽量避免吧！

　　（5）不说粗俗的字眼

　　古谚道"字乃人之衣冠"，现在我们说"言语为个人学问和品德的衣冠。"相信这没有什么不妥吧。有些人穿着虽雍容华贵，但是不开口还好，一开口就满口粗话，甚至不雅的下流话，使人听了作呕，敬慕之心也会顿时消失。

　　你可以用幽默有趣的话来表现你的聪明、活泼和风趣，但一句不中听的低俗话，会使别人觉得你卑劣、轻佻和无知。

粗俗的字句不可用，太深奥的学术用语在大众场合也不可多用，除非你是一个学者与人讨论学术问题。满口新名词，即使使用得得当，也是不太好的。随便滥用学术用语，听不懂的人不知你在说些什么，反而以为你有意在炫耀才华；听得懂的人或许又会觉得近乎浅薄。

在不知对方的文化程度时，用词需谨慎。有些人不管对方懂不懂，就随便在话中夹入外语，这也是要尽量避免的。

良好的交际语言，应该是大方、稳妥和生动的语言。

2. 话说要善于察言观色

我们在交流中，都不是自己的"一言堂"，双方思想的碰撞才能产生更强大的力量。这要求在与别人对话时，要耐心地倾听别人的意见，要善于"察言观色"，注意对方的姿势、态度、表情等，该讲则讲、该停当停。

会说话，不仅仅表现在提问和回答，还表现在依照不同场合、不同人群、不同风俗、不同背景的自然表达。

因人而异，主要从几个方面把握：

（1）看性别说话

性别不同，对言辞的接受也有差别。俄罗斯有一句谚语说：

"男人靠眼睛来爱，女人靠耳朵来爱。"说明对于接受外部信息，不同性别反应也有区别。

在言辞接受的程度上，一般说来，男士较能接受率直、干脆、粗放、量重的话语，而女士则喜欢委婉、轻柔、细腻、量轻的话语。说话者应依据接受对象的性别选择自己的表达方式与程度。

在通常情况下，说话者如果是男士，而接受者又并非自己的妻子、恋人或关系很密切的姐妹，那么言辞就应当严格把握分寸，在内容上、方式上都要充分注意女性的接受程度。对一些可以向男士说的话，就不一定能向女士说；对一些可以向男士使用的表达方式，就不一定用之于女士。

（2）看教养层次说话

教养是指接受对象的文化和品德水准，包括文化程度、知识积累、生活阅历、涵养气度等。教养层次不同，说话者的言辞的接受程度也不同。有些话说出来，甲听得懂，理解得了，乙就可能听不懂，理解不了。说话者在进行言辞表达时，要认清自己的接受对象教养层次如何，盲目表达不仅达不到说话的目的，甚至会弄巧成拙，贻笑大方。

（3）看性格说话

人各有其情，各有其性。言辞表达的内容与方式必须因人而异，符合接受对象的脾气、性格，才有可能产生"同声相应，同气相求"的效果。

性格外向的人易"喜形于色"，性格内向的人多半"沉默寡言"。同性格外向的人谈话，你可以侃侃而谈，同性格内向的人谈话，则应注意循循善诱。两千多年前，孔子就已注意到针对不同性格的学生以不同的方式回答他们的问题。

有一次，孔子的学生仲由问："听到了，就去干吗？"孔子回答说："不能。"另一个学生冉求也问："听到了，就去干吗？"孔子说："干吧！"公西华听了有些疑惑，就问孔子："两个人问题相同，而你的回答却相反。我有点儿糊涂，想来请教。"孔子答："求也退，故进之；由也兼人，故退之。"（意思是，冉求平时做事好退缩，所以给他壮胆；仲由好胜，胆大勇为，所以我要劝阻他。）

可见，孔子诲人不是千篇一律，而是因人而异，特别注意学生的性格特征的。日常生活、公关活动等各方面的交谈也要注意这一点。

（4）看对方心境说话

人际交流中经常会有"言者无意，听者有心"的情况，说话不注意洞察对方的心理状态，往往会产生意外的问题。

《红楼梦》第八十三回写到大观园中一个婆子教训自己的外孙女："你这不成人的小蹄子！你是个什么东西，来这园子里头混搅！"这话恰好被黛玉听到，她误认为婆子骂她，于是大叫一声道："这里住不得了！"直气得"两眼反翻上去"。

婆子的话本来是不让外孙女到大观园中来，但黛玉不这么想。她那种寄人篱下的特定处境和心态使她产生了误会。所以同样一句话，不同的人听来感受完全不同。

（5）看地域说话

地域指的是接受对象生活的地域，包括国别、省别、族别等。不同的地域有不同的文化，在认识、观念、习惯、风俗上都有区别，对说话者言辞的接受就会有所不同。说话者在进行言辞表达时，应当认清接受对象的地域性，才会产生良好的交际效果。

《尹文子·大道》讲了这么一件事：郑国人把未经加工处理的玉叫作"璞"，东周人把还没有腌制成干的老鼠叫作"璞"。郑国的一个商人在东周做买卖，一个东周人问他："你要不要买璞？"郑国商人说："我正想买。"于是东周人从怀里掏出一只老鼠递上。郑国商人赶快辞谢不要。东周人在表达时，没有认清其生意对象是郑国人，所以买卖没能成功。

地域不同而对言辞接受也有不同的要求，在世界上的表现大体有：欧洲人不喜欢听涉及政治倾向、宗教信仰、年龄状况（女性更重）、家庭私事、行动去向等问题的话，忌讳"13"和"星期五"；朝鲜、韩国、日本人忌讳别人说"4"；阿拉伯人喜欢听"星期五"；泰国人喜欢"9"；菲律宾人不愿谈论政治、宗教及腐化问题；赞比亚人爱听尊称，最好加上职务和头衔；新加坡人不爱听"7"，反感别人对自己说"恭喜发财"，忌讳谈论关于猪的话题；扎伊尔人喜欢听随和、爽快、恭维的话；俄罗斯人喜欢听尊称、敬语、谦辞，倾心于"女士优先"的话题；突尼斯人喜欢别人在各种场合同自己打招呼，而且问候得越长、越久、越具体越好……

中国各地的人表现大体有：香港人爱听吉祥话，涉及福、禄、寿的都很喜欢，乐于别人随时随地对他说"恭喜发财"，喜欢"3""6""8"等数字，忌讳别人打听自己的家庭住址、工资收入、年龄状况，忌讳语也较多，如"炒包饭""炒鱿鱼"有解雇、开除之嫌，听之不吉利，"猪舌"有蚀本之嫌，改叫"猪利"，"丝瓜"有输光之嫌，改叫"胜瓜"；澳门人喜欢听别人说话干脆，直截了当，不爱听转弯抹角、吞吞吐吐的话语；蒙古族人喜爱白色，爱谈与白色有关的话题，最厌恶黑色，忌讳别人谈论黑的话题；彝族忌讳背后议论别人的短处，特别是别人的生理缺陷；维吾尔族谈话以长为先，亲友见面会互道问候语……

因地域不同而产生的表达差别，甚至在同一个民族、同一个省区的不同地域，也有不同。比如，不同地方的人对西红柿的叫法不同，贵阳人叫毛辣角，遵义人叫番茄，兴义人叫酸角，独山人叫毛秀才……说话者如果不区分这些地域上的差别，说话目的就难以实现。有些严重的差异，如不分清，甚至还会对说话者产生严重的后果。

所以，一个人要想使自己说出的话引起对方的重视或取得对方的认可，必须把握好说话的分寸。

3. 把话说到别人心坎里

西方的一位哲人说过这样一句话"世间有一种途径可以使人很快完成伟业，并获得世人的认可，那就是优秀的口才"。能够把话说到别人心里，在现代人的交际中是很重要的，能把话说到别人心里就会运气通、人气畅、财气旺；会把话说到别人心里就会使你在社交场合中脱颖而出、左右逢源，如鱼得水。

常言道"遇物加价，逢人减岁"。这是把话说到别人心坎里的一种技巧。人们永远希望自己的物品被别人认可、称赞，希望它超出固有价格；任何人都希望自己年轻貌美，渴望得到他人的赞赏。所以，要想把话说得更动听，就要学会"遇物加价，逢人减岁"的说话方式。

"遇物加价"与"逢人减岁"是两种不同性质的语言行为，

需要因人、因地、因时而异，究竟如何做到这一点呢？不妨参考如下两点：

（1）物往贵处说

日常生活中，购物是一种普遍行为。购物过程中，大多数人的心理都是想花少量的钱买更多的商品。人们会发现这样一种现象：当某人花费50元买了一样价值100元的物品时，往往会非常兴奋，当别人提起时，内心会产生一种满足感。但是，如果花费100元，买了一件价值50元的商品，当别人提起时，不免会认为自己吃了大亏。在这种心态的作用下，"遇物加价"的说法，便成了一句时髦话。

前不久，阿才买了一套休闲装，阿呆知道它顶多只要两三百块钱就能买下来。阿呆见阿才正在为自己买的新衣服而高兴，便没把实际价格说出来。这时，阿才要阿呆猜一下这套衣服的价钱，阿呆说："这么好的衣服，最少也得五六百元才能买下来吧？"阿才听后，高兴得合不拢嘴，笑着说："我才花了400元，怎么样，我买东西的水平够高吧？"

阿呆明明知道该套休闲装的市场价格，但是他并没有说出来，而是故意抬高了衣服的价钱，这样一来，阿才的虚荣心得到了满足。

"遇物加价"这个方法，非常能讨人欢心，使用起来又非常简单，只要有意提高对方购买物品的价格，就可以了。值得注意的是，在抬高物品价格时，首先要对该物品的真实行情有个大致的了解，这样才能把"遇物加价"的方法表现得淋漓尽致，从而赢得他人的欢心。

（2）人往年轻讲

任何人都希望自己年轻漂亮，特别是成年人对自己的真实年龄是非常敏感的，一旦有人将自己的年龄往大处说，就会产生不悦感。所以，宁愿把人叫小了也不能把人叫老了，这是把话说到点子上的前提之一。例如，你是一位30岁出头的成熟女性，当别人说你像40多岁的女人时，你心里能高兴吗？或许嘴上不会说些什么，但心里也会责备对方不会说话。

成年人大多有怕老的心理，与人打交道时，"逢人减岁"就能派上用场了。这种方法应用起来，也非常简单，只要把对方的年龄往年轻说就是了，如果对方看上去大约有40岁，就可以说成30岁，对方听后自然会心花怒放，如果对方告诉你她的真实年龄时，你还可以进一步夸奖对方保养得好，懂得美容之道等，使对方的虚荣心得到充分满足。

值得注意的是，"逢人减岁"的方法只适合于中老年人。如果对20多岁的年轻人，使用这种说话方式，会起到适得其反的效果。对方会认为你看不起他，认为他不够成熟，怀疑他的能力，这时候要用"逢人添岁"取代"逢人减岁"的说话方式。

其实，以上两种说话方式，最终目的是投其所好、讨人欢

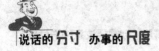

心。当然，这种投其所好的出发点是好的，并没有巴结奉承的意味，这是一种善意的谎言，也是赢得好人缘的一种手段。

爱美之心人皆有之，每个人都具有不同的个性，也都具有不同的优缺点，抓住每个人的个性，赞美他们的优点，便是协调人际关系的有效手段之一。当然，赞美别人要真心，要恰如其分，不要言过其实，说得天花乱坠，过了头的就不是赞美，而是"拍马屁"了。因人、因时、因地、因场合适当地赞美人，是对别人的鼓励和鞭策。通常讲，年轻人爱听风华正茂、有风度，中年人爱听幽默风趣、成熟稳健，老年人爱听经验丰富、老当益壮、德高望重，女同志爱听年轻漂亮、衣服合体、身材好，少儿爱听活泼可爱、聪明伶俐，病人爱听病情见好、精神不错。

有道是说话要说到冷暖之处、喜痛之处、要害之处。有时话不在多，而在于说好。对人要有关怀之情，真正的关怀不需要很多，一个无言的动作，一个心领神会的表情，一句刻骨铭心的话，就能使人感动。对窘迫的人，说一句解围的话；对颓丧的人，说一句鼓励的话；对迷途的人，说一句提醒的话；对自卑的人，说一句振作的话；对痛苦的人，说一句安慰的话；对受了挫折的人，讲一句重新坚强起来的话；对头脑发热的人，讲一句降温的话；对高傲的人，讲一句"满招损，谦受益"的话；对私欲之心重容易受诱惑的人，讲一句洁身自好的话；对容貌长相一般的人，讲一句良好的个性和气质远比漂亮的外表更可贵的话。对需要帮助者来说，这一句话如同旱天的雨、雪中的炭，会使人终生难忘。

4. 委婉含蓄地表达

在交际场合，我们经常需要向别人表达一些不太好说的意思，比如请求、谈判、批评等。这些话之所以不容易说出口，是因为人类具有自尊心，谁都不愿意遭到拒绝、指责和冷遇。某些人内心深处自视清高，认为自己应该是最好的，一旦现实与心愿不符合，不可一世的自尊就会受到挫伤，从而转变成伤悲、仇恨、鄙视、嫉妒等恶劣的情绪，并且早晚会表现出来。因此，有些话说不好，就会得罪人，为自己招麻烦。

好在语言具有多样化的特点，一样的意思可以用多样的话说出来。同一个人听到同样意思用不同的说法讲出来，也会有不同的反应。这种情况使智慧的说话方式大有用武之地，这也向我们证明：人类作为高等动物所独有的自尊心，是多么愚蠢的一种心理，因为智者利用这种幼稚的心理可以把人玩弄于股掌之上。

比如，你要批评一个人所写的文章，如果直言不讳，显然会令对方难堪。但是，你可以换个说法，找出他的文章中一些可取之处，先满足他的自尊心，待他认同你的说法的时候，再把批评化作建议提出来，这样他会心悦诚服地接受你的意见，还对你很钦佩。你可以这样说："我一看开头就想看下去，我发现你一贯擅长把开头写得引人注目，勾起人的好奇心。要是结尾不是这样写，而是换一种思路，可能就更能与开头相呼应了，你说呢？"

既然没有触及对方的自尊心，那么他当然会冷静虚心地考虑你的意见。

因此，说什么固然重要，但怎么说更为关键。人的情绪常常蒙蔽了人的眼睛，使他看不透语言背后的语言，而只能最肤浅地从对方的用语上来理解。

你完全可以表面上说他爱听的话，而把真正的意图隐藏在这些话里，也就是"话里有话"，让他心甘情愿地跟着你的思路走。

在什么情况下说话要含蓄呢？

（1）有些话不便直说时，要用含蓄的方式

人们谈起《水浒传》里的鲁智深，便会立即想起他那心直口快的"直炮筒"形象来。其实，即使是最直率的鲁智深，有时也离不开委婉，说话也有含蓄的时候。鲁智深三拳打死镇关西后，为了逃避官家的追捕，只得削发为僧。电视剧中有这样一段台词：

法师：尽形寿，不近色，汝今能持否？

智深：能。

法师：尽形寿，不沾酒，汝今能持否？

智深：能。

法师：尽形寿，不杀生，汝今能持否？

智深：（犹豫）

法师：（高声催问）尽形寿，不杀生，汝今能持否？

智深：知道了。

要鲁智深不近女色不饮酒，他能做到；要他不惩杀世间的恶人，实在难以做到。但此时若答"不能"，则法师必不许其剃发为僧，他就无处藏身了，因此来一个灵活应付，回答"知道了"。法师面前过得了关，又不违背自己的本意，真是两全其美。

（2）有些话不必直说时，要用含蓄的方式

从前，有个酒店老板，脾气非常暴躁。一天，有个客人来喝酒，才喝了一口，嘴里便叫："好酸！好酸！"老板听后大怒，不由分说，把客人绑起来，吊在屋梁上。这时来了另一位顾客，问老板为什么吊人，老板回答："我店里的酒明明香醇甜美，这家伙硬说是酸的，你说该不该吊人？"来客说："可不可以让我尝尝？"老板殷勤地给他端了一杯酒，客人呷了一口，酸得皱眉眯眼，对老板说："你放下这个人，把我吊起来吧？"

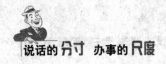
这位客人委婉含蓄的说法，既收到强烈的讽刺效果，又显得非常艺术。

（3）为了增强交际的效果，要用含蓄的方式

美国有一位传奇式的篮球教练，叫佩迈尔。他带领的迪尔大学篮球队曾获得39次国内篮球比赛冠军，使球迷们为之倾倒。可是有一年，他的球队在蝉联29次冠军后，遭到一次空前的惨败。比赛一结束，记者们蜂拥而至，把他围得水泄不通，问他这位败军之主此时此刻有何感想。他微笑着，不无幽默地说："好极了，现在我们可以轻装上阵，全力以赴地去争夺冠军，背上再也没有冠军的包袱了。"

这便是说话委婉含蓄的美妙之处。

5. 及时主动表达感谢

在与人交往的过程中，如果有让我们感到很感激、很高兴的事，就要立刻表达出来，用语言、态度、最真挚的笑容来传递感谢的心情。我们收到礼物时要立刻打开，当场表示感谢。不必顾虑打开刚收到的礼物会失礼，开心的表情就是对赠予者最好的

回馈。

受到邀请、得到好的推荐、被给予好的工作机会，这种时候都要立刻表达出感谢之意。如果担心为此而表现出高兴就会被人看轻，要压抑感情，显出沉得住气的样子，其实是毫无必要的。类似生气那种消极情绪应暂缓释放以使其冷却，但欣喜、感谢等积极情绪，还是真诚地表达出来为好，尤其当他人很亲切地对待你、在工作上提供帮助、把朋友介绍给你、提出非常有用的建议的时候，一定要告诉对方，对方为你所做的这些事是多么有意义，不仅可以直接告诉对方，还可以向对方非常在意的人提及，这比直接向本人说更能表达出感谢之意。

对助人者来说，知道自己被需要、被感谢，知道自己做的事情很有用、很受欢迎，心情也会变得愉快，感到自豪，这会促使他更乐于助人。

一声真诚的"谢谢"虽然只有两个字，却体现了人与人之间的默契配合。

正确、恰当地道出"谢谢"，有以下几种方法。

（1）诚心实意

当你确实从内心深处产生感谢对方的念头，向对方说出"谢谢"，能显示出你的真心实意，并赋予感谢以感情和生命。最能显示你的谢意真诚的，莫过于在"谢谢"二字前后加上附加的修饰词，如"真是太谢谢您了"，"十二万分感谢您的无私援助"等。或者用重复的句式，如"谢谢！谢谢！谢谢您了！"

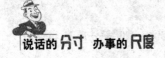

（2）直截了当

向对方表示谢意的最好方式是直接、当面，不要委托别人，也不要含糊其词地让人听不明白，更不要怕别人知道你要向他道谢而不好意思。例如"上次孩子入托，多亏了您的大力帮助。尤其是孩子年龄差一点，这一关，要不是您多次给我疏通，我恐怕还得在家哄孩子玩呢！真是太感谢您了……"感谢者不仅直接面向被谢者，而且把因为什么而感谢说得重点突出，让对方从中也生出一种自己有能力办大事、关系网多的自豪感。直截了当不仅在于方式，也在于谢谢语中的具体内容。当然，在有外人的场合或不便直截了当地说出感谢的内容时除外。

（3）指名道姓

这是让你的感谢专一化的一种有效方式，可以更真诚地向被感谢者表达谢意，使之在更大程度上接受你的感谢。比如"王正亮，我真得好好地感谢你啊！要不是你连着上局里跑了三次，我那级工资就算打水漂了！走，我请你上海鲜馆吃一顿……"

如果你要感谢一同帮你办事的几个人，那就不仅仅要说概括性的"谢谢大家"，而要一个一个指名道姓地向他们道谢。这种事千万不要怕麻烦，应该逐个按照他们的职位、年龄或与你的亲近程度"点名"感谢，这就使被感谢者知道你是一个重情重义的人，以后也更乐意与你交往。

（4）出人意料

当对方没有想到或本来感到这件小事不值得感谢的时候，

你却对其道出了真诚的谢语。也许，对方甚至根本没有特意为你做什么事；也许，对方只是无意地或者顺带帮了你一个小忙。对于这些，你都不必吝啬你的感谢。比如，小王在下班回家的路上顺便帮小李买了份《中国电视报》，小李见到小王后说："谢谢你！我会在每天晚上看电视的时候想起你！"

（5）主动及时

这是从感谢者的道谢态度和时间上来说的。及时，是说感谢者要在别人为你做事后，在最短的时间内去表示感谢。主动，是指要主动找上门去，或上对方所在单位、家里去亲自道谢，而不要在路上遇见或偶然在某个公共场合想起来才表示感谢。虽然同样是"谢谢"二字，主动及时地上门道谢和被动、偶尔相逢才想起道谢的效果是截然不同的。比如，当你得了别人的帮助或事情已有了好的结局时，就可以马上登门道谢："王科长，我今天是无'谢'不登三宝殿哪！您可帮了我——不，您可帮了我们全家的大忙啦！我爱人昨天听到信儿后就催着我来向您致谢，我儿子也说：'代我谢谢王叔叔！'所以说，我今天来是代表我们一家三口来的，真诚地谢谢您……"试想一下，如果这番话放在几个月或半年以后再说，或者不是去王科长家里，而是偶尔在路上相逢才说出，谁会相信这"谢谢"二字的诚意呢？

（6）把握分寸地道谢

把握分寸就是根据对方对你帮助的事情的大小，根据你所受益受惠的程度高低，适度地表达你的谢意。感谢者恰到好处地

表达谢意，被谢者从中掂量出自己为他人付出的劳动有多少和得到感谢的回报程度，既不会有受宠若惊之感，也不至于有劳而无功、不受尊重的心凉之感。比如，别人为你打了一份盒饭、捎来一件衣服或送你一本书、一束鲜花，对这类事情你的感谢要自然而随和。"谢谢您，这束花真漂亮！""谢谢，这本书正是我想看的！太好了！"而当别人帮你的孩子转进了重点学校，帮你的爱人调到了离家近、效益好的单位，对这类生活工作中的大事，你的感谢就应当庄重、认真而诚恳、细致。

6. 遭遇困境，合理解释

在交际活动中，交际双方由于对彼此不甚了解，常常会做出一些让对方迷惑不解的举动，导致尴尬、紧张场面时有发生。为了缓解此种局面，我们可以采用故意曲解的策略，假装不明白尴尬举动的真实含义，而给出有利于好局势走向的理解，进而一步步将局面朝有利的方向引导过去。

人们在交际中的困境与僵局之所以能把人"困"起来和"僵"起来，正是因为当事人自己没能从固有习惯的思维圈子中跳出来。而打圆场者若想成功，就必须跳出原有的思维模式，把引发困境的事物、事件和问题调换一个角度重新向好的方面解释，从而使当事人认同这种向好发展的说法。

牡丹，是中国的传统名花，有"富贵花"之美誉。有一次，著名画家喻仲林开办画展，其中的一幅牡丹被一位老者买去。过了几天，老者忽然打来电话，坚决要求退还此画。他振振有词地说："你的牡丹图中有一朵牡丹画在纸边上，只剩下半朵了，这叫作'富贵不全'，我总不能把'富贵不全'挂在家里呀！"

喻仲林听后，略加思索，故作惊讶地答道："哦，你把它叫作'富贵不全'呀，我这里也给它一个画题，叫作'富贵无边'。"

老者一听，连声称好，再也不提退货的事了。

上例中，老者把画在纸边上的半朵牡丹理解为"富贵不全"，以此来责备画家，未免有些强词夺理。然而画家顺着对方的思路，调换一个角度，却得出了"富贵无边"的解释。可谓想法独特、道理充分、寓意吉祥，终于使有些偏执的老者连连称好，立刻认同并喜欢上这种吉庆的说法。

人们之所以在交际活动中陷入窘境，常常是因为在特定的场合做出了不合时宜、不合情理或有辱身份的举动，而旁人又往往不便直接指出这种举动的不合理性，于是进一步导致了整个局面走向尴尬、僵持。在此情形下，最为行之有效的打圆场方法莫过于找一个视角或借口，以合情合理的依据来证明对方举动在此时

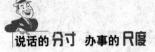

是正当的、无可厚非的。这样一来，个人的尴尬解除了，正常的局面也得以继续下去了。

一位著名演员及其丈夫举办了一次敬老宴会，请文化艺术界许多著名前辈参加。90多岁的老画家由他的看护陪同前来。老人坐下后，就拉着一个年轻女演员的手目不转睛地看。过了一会儿，老人的看护带着责备的口气对老人说："您总看别人做什么？"老人不高兴了，说："我这么大年纪了，为什么不能看她？她生得好看。"老人说完，脸都气红了，弄得大家很尴尬，此时这位演员笑着对老人说："您看吧，我是演员，不怕人看。"

在这个例子里，年轻的女演员恰当地使用了"强调事件合理性"这一打圆场的技巧。在有许多文化界老前辈参加的宴会上，90多岁的老画家拉着女演员的手目不转睛地看，这确实是有悖常理的举动。考虑到老画家的地位和自尊问题，女演员并没有直接表达自己对此事的态度，而是以"自己是演员"为依据，证明老画家看自己是正当而合理的，给老人铺了一个舒服的台阶下。老人顺利摆脱了尴尬，宴会也就能正常进行下去了。

面对一些突如其来的窘境，在当事人无法解释、无力摆脱与无可奈何的时候，第三者往往可以跳出思维定式，从事物或事件的反向去思考，做出让对方欢喜、满意的解释。这也是打圆场辞令中较高层次的方法。

　　一位中国人去美国探亲，他的姐夫在西雅图开了家餐厅。一天，他正帮大姐洗碗，忽然店堂里传来一阵喧闹声。原来，餐厅为招揽生意，每当客人离座时，总要奉送点心一盒，内附精致的"口彩卡"一张，上印"吉祥如意""幸福快乐"等吉利话。眼下店堂里一对新婚夫妇，原是老主顾，昨天他俩还满怀喜悦地光顾。这天上午，他们打开点心盒，意外地发现竟没有往常的"口彩卡"。两位信奉上帝的虔诚的基督徒顿感太不吉利了，便来兴师问罪。新郎还算克制，只是追究原因，新娘却委屈得快要落泪了。身为招待的外甥女，自知忙中出错。大姐不断赔礼道歉，仍无济于事。去探亲的这位弟弟不慌不忙地跨到大姐跟前，微笑着，用不熟练的英语说道："No news is the best news！（没有消息就是最好的消息）"一句话，使新娘破涕为笑，新郎也顿时喜上眉梢，高兴地和他握手拥抱，连连道谢。

　　这句平息风波的妙语就是反向思考的结果。没有吉利的话，这当然不好，但是否就是绝对的不好呢？反过来想一下，就想到了美国的一句谚语："没有消息就是最好的消息"，妙语一下子就找到了，而因此引起的麻烦自然也就消除了。

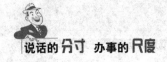

7. 优雅谈吐可以产生良好印象

掌握社交技巧的人，不但能给初次认识的人留下良好的印象，并且能广结人缘，到处受欢迎。

有些人说话的本领不很高明，是因为他们不曾把谈话当作一门艺术，不曾在这门艺术上用过工夫，他们不肯多读书，不肯多思考，他们说话，宁肯随便用粗俗的语句，而不肯"三思"而后言，将自己的意思用文雅、优美的语言表达出来。

有些年轻人，终日只说些没有任何意义的闲闻琐事。面对一个陌生人，他们的这种说话方式肯定会招致别人的反感。

相传，有家父子冬天在镇上卖便壶（俗称"夜壶"，旧时男人夜间或病中卧床小便的用具）。父亲在南街卖，儿子在北街卖。不多久，儿子的地摊前有了看货的人，其中一个看了一会儿，说道："这便壶大了些。"那儿子马上接过话茬："大了好哇！装的尿多。"人们听了，觉得很不顺耳，便扭头离去。在南街的父亲也遇到了相同的情况。当听到一个老人自言自语说"这便壶大了些"后，马上笑着轻声地接了一句："大是大了些，可您想想，冬天夜长啊！"好几个顾客听罢，都会意地点了点头，继而掏钱买走了便壶。

　　父子两人在一个镇上做同一种生意，结果迥异，原因就在会不会说话上。我们不能说儿子的话说得不对，确实，便壶大装的尿多，他是实话实说，但不可否认，他的话说得欠水平，粗俗的语言难以入耳，令人听了很不舒服。本来，买便壶不俗不丑，但毕竟还有些私密的因素在内。人们可以拿着脸盆、扁担等大大方方地在街上走，但若拎着个便壶走在街上，就多少有些不自在了。此时，儿子直通通的大实话怎会不使买者感到几分别扭？而那个父亲则算得上是一个高明的推销商。他先赞同顾客的话"大是大了些"，以认同的态度拉近与顾客的距离，然后，又以委婉的话语说"冬天夜长啊"，这句看似离题的话说得实在是好。它无丝毫强卖之嫌，却又富于启示性。其潜台词是：冬天天冷夜长，夜解次数多且又怕冷不愿意下床是自然的，大号的便壶正好派上用场。这设身处地的善意提醒，顾客不难明白。卖者说得在理，顾客买下来也就是很自然的了。

　　儿子一句话砸了生意，父亲一句话盘活了生意，这不正说明了"善讲"的重要性吗？

　　说话讲究措辞文雅、态度自然，同时还需使你的言辞富同情，处处显示你的善意。唯有充满温暖的同情的话语，更能够引起他人的注意。假使你的话是冷淡而寡情的，那是引不起别人注意的。

　　选择各种题目，努力去做优美而精纯的论述，或用清楚、流利、文雅的言辞去表示自己的意思，这是一种良好的训练。多结交有学问的人，常与他们交谈能耳濡目染，自然你也就能谈吐优雅了。多读书，也是提高语言艺术的一种好办法，多读书不但能开拓心胸、增加知识，而且能熟练运用许多词汇和语句，提高表达能力。

语言是思想的衣裳，它可以反映出一个人的高雅或粗俗。如果你要接通情感的热流，使社交畅通无阻，就应得体地运用礼貌谦辞。

很早以前，有位士兵骑马赶路，至黄昏时还找不到客栈，见前面来了位老农便高喊："喂，老头儿，这离客栈还有多远？"老人回答："五里！"士兵策马飞奔十多里，仍不见人烟。"五里？五里！"他猛地醒悟过来，"五里"不是"无礼"的谐音吗？于是他掉转马头赶回来亲热地叫了一声："老大爷。"话没说完，老农便说："你已经错过路头，如不嫌弃，可到我家一住。"

交际对话中如能用礼貌语言，就会让人感到"良言一句三冬暖"，使人与人之间的感情很快地融洽起来。例如：您好、谢谢、请、对不起、别客气、再见、请多关照……

在我国，同人打招呼常习惯问："你吃饭了吗？""你到哪里去？"似乎太单调，也有点不雅致，在这方面，我们应丰富自己的礼貌语言。如见面时加一句"早安""午安""晚安""你夫人（先生）好吗？""请代问全家好！"等。语言务必要温和亲切、音量适中。若粗声高嗓，或奶声奶气，别人就难有好感。运用礼貌语，还要注意仪表神态的美，当你向别人询问时，态度尤其要谦恭、挺胸腆肚、直呼其名或用鄙称，必遭人冷眼，吃"闭门羹"。

在交往中得体地使用礼貌语言和谦辞，可以给对方留下良好的印象。

你和人相见，互道"你好"，这再容易不过了，可别小瞧这声问候，它传递了丰富的信息，它表示尊重、亲切和友情，显示你懂礼貌、有教养、有风度。

美国人爱说"请"，说话、写信、打电报都用，如请坐、请讲、请转告。传闻美国人过去打电报时，宁可多付电报费，也绝不省掉"请"，因此，美国电报总局每年从"请"字上就可多收入一千万美元。我们与人相处，说个"请"字，既不费力又不花钱，何乐而不为呢？

英国人说话少不了"对不起"这句话，凡是请人帮助之事，他们总开口说声"对不起""对不起，我要下车了"；"对不起，请给我一杯水"；"对不起，占用了您的时间"。英国警察对违规司机就地处理时，先要说声"对不起，先生，您的车速超过规定"。两车相撞，大家先彼此说对不起。在这样的气氛下，双方的自尊心同时获得了满足，争吵自然不会

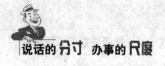

发生。

大部分成功人士说话也非常注意用礼貌语言，如：你好、请、谢谢、对不起、打搅了、欢迎光临、请指教、久仰大名、失陪了、请多包涵、望赐教、请发表高见、承蒙关照、谢谢、拜托您了等。礼貌用语，令人心花怒放、满面春风。

8. 出现口误，冷静处理

"人有失足，马有漏蹄。"任何人说话都不可能十全十美、无懈可击，当你在与人交往时，不小心出现了口误，千万不要将错就错，要不失时机地把出现的口误纠正过来，让真理埋没口误。

紧张的生活中，人的精神状态总会有松懈的时候，一不小心说错话也是难免的。而此时，最重要的就是要镇定自若、处变不惊，飞速地转动大脑思考弥补口误的方法。

说出去的话，泼出去的水，虽然说出去的错话很难收回来，但却可以用妙语弥补。只要你是个精于处事的人，就可以将口误修补得天衣无缝。

丽莎是一名空中小姐，公司对空中小姐的语言要求相当严格，她们经常要接受一些特别的训练。尽管是这样，在平时的工作中，她还是很难避免口误的发生。

有一次，丽莎和往常一样本着顾客至上的服务精神，热情地为乘客服务。

当她向一对外籍夫妇询问他们的孩子是否需要用早餐时，出现了一次口误。

那位男乘客用外语告诉她："不用了，我们的孩子吃的是母乳。"可是，丽莎没有听清楚他的话，为表示诚意，她又补充了一句说："哦，是这样，如果您的孩子需要用餐，请随时通知我好了。"

男乘客一时未能理解丽莎的话，呆住了，片刻后大笑起来。丽莎也为刚才的口误羞红了脸，站在原地，不知如何是好。

交际中，任何人都免不了发生言语上的失误。虽然其中的原因各有不同，但造成的结果却大不相同，要么贻笑大方，要么纠纷四起。

基于口误可能造成严重后果，在口误产生之后，一定要开动脑筋，选择适当的言语给予补救，挽回自己的面子。

现实生活中，许多人都死要面子活受罪，他们认为及时纠正、弥补自己的口误是懦弱的表现，所以他们宁愿继续错下去，也不会承认自己的失误，因而落得惨败的下场。

但凡聪明的人都不会在口误面前强词夺理，他们会欣然承认自己的失误，并及时给予补救，或在别人还没有发现他们的口误时，就用其他理论将自己的过失掩埋了。不但为自己争得了面子，还让他人为其豁达的胸怀钦佩不已。

通常情况下，弥补口误有以下三种方法值得人们借鉴：

（1）转移法

所谓转移法，就是把说错的话转移到别人头上。例如："这是某些人的观点，而我却不这样认为，我觉得正确的说法应该是……"这样一来，就给自己弥补口误创造了一个很好的机会。即使别人意识到了你的这一过失，可你这么一说，对方也不能抓住你的"尾巴"不放，因为你说的话并没有错。

（2）转折法

所谓的转折法，意思是说不要在出错的地方继续纠缠下去，要迅速地将错误言辞撇开，避免越陷越深。可以在错误言辞后面接上一句："然而正确说法应该是……""我刚才那句话还不够完善，还应该加以补充……"这样一来，也就将口误甩到了一边，取而代之的则是你正确的言论。

（3）意思延伸法

意思延伸法就是，将错误的意义延伸为其他的含义。当你意识到自己发生口误时，索性将错就错，然后把你原先错误的意思转变成其他的含义，让它朝着正确的方向发展。值得注意的是，在你改变错误言论时，一定要选用适当的言辞，千万要小心，不要弄巧成拙。

　　说话出现口误是不可避免的，在交流过程中，应尽量降低这种错误出现的频率。如果不慎出现口误，也不要为此而担惊受怕，动动脑筋想出最巧妙的语言给予弥补就可以了。

第四章
巧说话、懂应酬，让你更讨人喜欢

一个人会说话、懂应酬，就能准确自如、恰到好处地表达自己的思想和感情；能通过谈话，与对方增进彼此之间的了解，更建立良好、和谐的关系。

1. 在批评中加点糖

历史上很多智人谋士，都是善用药引的人，从而以吹灰之力，成就九鼎大事。如触龙说赵太后就极其典型。

故事说秦国进兵赵国，赵国向齐国求救兵，而齐国一定要长安君当人质才肯出兵。长安君是赵太后的小儿子，当时赵太后当权，不肯答应。大臣们轮流谏劝，都被太后顶了回去。无奈左师触龙出面劝说。那时太后正在气头上，背对着他。触龙进来慢慢坐下，先与太后聊些身体吃饭之类的家常，又慢慢将话题转到子女上，与太后取得共识后，才顺理成章道出爱子女要为他们的长远利益考虑，到齐国当人质正是长安君建功立业，为将来自立打基础的好机会，最终触龙劝动了太后。

提起批评，也许更多人的理解是"挑刺"。实则，那只是批评很小的部分。真正高明的批评，更多的是交流、引导和印证。

如果你希望你的批评可以取得良好的效果，就要在方法上下功夫。一个人犯错后，最难以接受的就是大家群起攻之，这样势必会伤害其自尊心。怎样批评，实际是一种说服的技巧，是一门沟通的艺术。批评的目的意在打动对方，使对方能认识到自己的

错误，并回到正确的轨道上，而不是贬低对方，即使你的动机是好的、是真心诚意的，也要注意方式和场合等问题。

良药苦口利于病，但在现实生活中，扶正匡谬的批评的确不为人所乐于接受，甚至成了难以下咽的"苦药"。企业内部开展批评尤非易事，上下左右，利益利害；磕磕碰碰，枝蔓牵扯，批评几乎真成了犹抱琵琶半遮面的"京城女"了。批评得好，人家接受，反之，麻烦缠身，成了不受欢迎的人。因此，批评要学会变"害"为"利"，使"硬接触"变成"软着陆"，即在"苦药"上抹点糖，看似失去了锋芒，但却药性不减。

王东进公司不到两年就坐上了部门经理的位置，但是有个别下属不服他，有的甚至公开和他作对，钱诚就是其中的一位。自从王东做了部门经理之后，钱诚经常迟到，一周五天，他甚至四天都迟到。按公司规定，迟到半小时就按旷工一天算，是要扣工资的。问题是，钱诚每次迟到都在半小时之内，所以无法按公司的规定进行处罚。王东知道自己必须想办法制止钱诚这种行为，但又不能让矛盾加深。

王东把钱诚叫到办公室。"你最近总是来的比较迟，是不是有什么困难？""没有啊，堵车又不是我能控制的事情，再说我并没有违反公司的规定呀。""我没别的意思，你不要多心。"王东明显感觉到了对方的敌意。"如果经理没什么事，我就出去做事了。""等等，钱诚你家住在体育馆附近吧？""是啊。"钱诚疑惑地看着对方。"那正好，我家也在那个方向，以后你早上在体育馆东门等我，我开车上班可以顺便带你一起来公司。"没想到王东说的是这事，钱诚反而有些不好意思，喃喃地说："不，不用了……你是经理，这样做不太合适。""没关系，我们是同事啊，帮这个忙是应该的。"王东的话让钱诚脸上突然觉得发烧，人家王东虽然当了经理，还能平等地看待自己，而自己这种消极的行为，实在是不应该。事后，钱诚虽然还是谢绝了王东的好意，但他此后再也不迟到了。

在批评的过程中，适时地采取先表扬后批评的方式，使对方能建立改正错误的信心，树立全新的自我形象。因为对方得到的信息是，自己是有优点的，即使有错误也能很容易地接受批评，并很快地改正。所以批评的艺术可以被称之为一种为人处世的基本修养。

批评和骂人不同，它们之间有着本质的区别，骂人是气急败坏的表现，是无赖的表现，这不需要多大水平，在大街上扯个泼妇，肯定能骂得十分出彩。只是，骂人的行为除了让被骂者受伤，或者被路人耻笑之外，没有多少意义。而批评不同，批评的过程是批评者站在一个公正的立场，站在一定的高度，通过摆事实、讲道理来对人与事进行一场论证的过程，它应该有严谨的逻辑。因此，我们是万万不可把骂人的行为扯进批评的范畴内。

批评别人，就要给别人服气的理由。作为批评者，首先要加强自身的文化修养，对批评的人和事情，要有自己独到的眼光和见解，要公正地看待问题，而不能根据党同伐异的态度去行事。在批评的过程中，要保持自己个人的意识形态，有自己的鉴别能力。通过分析问题，厘清看法，真诚地向批评对象提出自己的意见，并指明应该去努力的方向。只要见解是正确的，意见是真诚

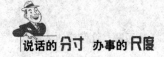
的，态度是诚恳，别人又怎会不接受批评呢？

批评，顾名思义既要"批"也要"评"。"批"是批判，"评"是评价，当然也可以解释为好评。不管怎样，不能光批不评。

在批评的过程中，决不可以只批评不表扬。因为不管是人还是事，毕竟都还是有优点的。但这么说，也绝不是鼓励大家在批评别人的时候先来一段表扬，在表扬以后再来一个但是，但是的后面加上一串的批评。这样的批评只能让别人觉得批评者虚假。假如我们是老师，我们要批评学生的懒惰行为，我们可以这样来批评："你很聪明，请以后勤奋点"，而不要这么说："你很聪明，但是你很懒惰"。这两种批评方式看着没多大区别，但前一种批评方法已经在表扬中提出了自己对学生的要求，而后一种效果和第一种相比如何，大家肯定是心中有数了的。

金无足赤，人无完人。只要是人，就可能犯错误。其实，任何有上进心的人都不愿意犯错，要批评一个人的错误时，最好让对方自己发觉错误。你的目的也是为了要帮助对方，而不是为了贬低对方的品格。因此批评以适可而止，给对方留有余地的方式为好，这会让对方感谢你的宽容。

2. 请人帮忙，该张嘴就张嘴

人与人之间的误会常常是在工作中产生的，双方的误解涉及许多因素。个人解决可能会受局限，所以在有些时候，请领导和同事帮忙，也不失为一个好办法。

每一个人在单位都有表现自己的欲望，求同事办事就等于为他提供了一次表现个人能力的机会，即便遇到困难也得办；即便有时担心对方不满意也得办，以此在同事中维护自己急公好义的形象，同事的事和单位的事一样，每个人都会感到自己有一份责任和义务。因此，找同事办事不用存着任何顾虑，该张嘴时就张嘴。

有一位三十多岁的男性在家具工厂工作，他话虽少却极富想象力和独创性，是一位很了不起的艺术家。他设计的款式非常有创意，在工厂里是一个引人注目的人物。但是，可能因他不善交际，多少有点讨人嫌，总是受到前辈们的排挤，特别是在职员们发起的每年几次的学习会上。

他参加学习会的感受是这样的："无论我提出什么样的方案都会遭到几位前辈的反对，方案总是无法得到采纳，前几次是这样，这次也是如此。本来学习会是提出新想法的场所，但现在却成了前辈们耀武扬威的地方，即使勉强去参加，自己的方案也得不到采纳，所以我已经不想再参加了，但总无法明确说出口。我每次都是很勉强地去参加。"

据他所说，他的一个同事就是因为对那些前辈们不满而没有再去参加学习会。看到那些前辈们对这位同事投以讨厌的目光时，他心想，自己若能像这位同事勇于发表意见，就不至于像现在这样什么都说不出来，而感到痛苦，甚至萌生了辞掉工作的念头。他为此十分苦恼，除了因那几位前辈的刁难而感到难受外，他工作的心情还不算坏。

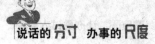
　　他对自己在设计上的表现并无不满，但在用语言表现这方面却缺乏自信。

　　他与知心好友聊天、用餐时，也像其他人一样能侃侃而谈，而且说的话也像他的设计一样富于表现力，非常生动。这时的他与学习会上的他完全两样，就像传教士一般，表情相当温和。

　　酒后心情放松，他更可以妙语如珠地说个不停；但是酒醒之后，又回到了沉默寡言的他。

　　对于自己的现状，他决定找同事帮忙。于是，他找来了几位同事作为观众，锻炼自己当众讲话，几天下来，他不像以前那么紧张了。终于在一次会议上，他能完完整整地把自己的创意表达出来了，并受到了领导们的好评。

　　办事时利用关系是能最快达到预期效果的。同事关系是办事最直接最方便利用的关系。

　　首先，要诚心诚意去找同事办事。同事彼此之间了解得比较多也比较深，如果找同事办事藏藏掖掖，想托人办事又神神秘秘，不把事情说明白，容易使同事产生不被信任的感觉。因此，找同事办事，就要先说明究竟要办什么事，坦言自己为什么办不了，为什么要找他。精诚所至，同事只要能办到的事，一般是不会回绝你的。

　　其次，要以谦和的态度去面对同事。同事不是朋友，同事之间一般都没有太深的交情。因此，请同事办事之前说话一定要客气，而且要以征询的口气与同事探讨，受到尊重，同事如果觉得事情好办，自然会自告奋勇地去办，几句客气话，省了许多麻烦。办完事之后，一般不要用钱来表示谢意，容易引起对方反感，因为同事之间办点事就接受物质感谢，会给大家留下坏印象。

再次，找同事办事要目标明确。一些比较笼统不明的事一般不找同事办，办一件事之前，要先知道你这位同事的社会关系，以及请他办这件事是否有太大的难度，只有掌握了这些情况，你才能做到张口三分利，也不至于叫同事左右为难。

最后，要分清有些事情不能找同事。自己能办的事尽量自己去办。如果同事不能直接办也得"人托人"，这样的事，不如转求他人。和同事利益相抵触的事不能找同事去办，即便这利益涉及的是另一个同事。

在找同事帮忙时，说话要注意以下几个方面：

（1）不说难听的话

请同事帮忙前，就要使对方对你产生好感，所以，平常你必须言语和善，尤其是对心直口快的人，更要深思慎言，不说让人生厌和惹人不快的话。

（2）不说沮丧的话

在出现困难和危难的时候，往往使人心力交瘁、情绪低落，有意无意间、和周围人的交往中，便难免说一些情绪沮丧的话，这是不得体的。因为沮丧话容易给人一种压抑的感觉，引起对方的不快、也易形成话不投机。

（3）不说贬低自己的话

有个别求人者喜欢用贬低自己来抬高别人，殊不知你的谦虚有时在对方看来却是一种畏缩。谦虚要用对地方，不能自贬的时候，还是实事求是的好。

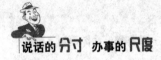
（4）不担心、怀疑对方的话

求同事办事的时候，往往意愿都比较迫切，因此，容易说一些急于求成、催促对方的话，猜疑对方能力、权力和身份的话，还有表现自己的担心和情绪低落的话。这些话暴露的多是一些负面情绪，因而也会产生一些负面效应，这是应尽力避免的。

在家靠父母，出门靠朋友。懂得与他人友好相处，善于利用你身边的资源，巧妙利用同事为你办事，会对你大有帮助。

3.　一张笑脸打天下

笑是犹太人获得成功的关键手段之一。由于长期以来没有自己的国家，在他人的国家中生活的犹太人经常受到歧视，最典型的案例就是纳粹对犹太人的残酷迫害。为了在逆境下生存，犹太人一直没有忘记作为心灵港湾的笑。

笑不仅能使心灵感到平静，还有其他效用。有这样一个人，他就是这样做的：

"我已经结婚十八年了，"他说，"在这段时间里，从我早上起来，到我要上班的时候，我很少对我太太微笑，或对她说上几句话。我是百老汇最闷闷不乐的员工。"

"既然微笑可以带来很多好处，我就决定试着微笑一个星期看看。因此，第二天早上梳头的时候，我看着镜中满面愁容的我，对自己说，'你今天要把脸上的愁容一扫而空。你要微笑起来。你现在就开始微笑。'当我坐下吃早餐的时候，我以'早安，亲爱的'跟我太太打招呼，同时对她微笑。"

"她的反应像是被搞糊涂了，惊愕不已。而我每天早晨这样做，已经有两个月了。"

"这种做法改变了我的人生态度，在这两个月中，我们家所得到的幸福比去年一年还多。"

"我要去上班的时候，就会对大楼的电梯管理员微笑着说一声'早安'，我微笑着跟大楼门口的警卫打招呼，我对地下火车的出纳小姐微笑，当我跟她换零钱的时候，当我站在公司楼下时，我对那些以前从没见过我微笑的人微笑。"

"我很快就发现，每一个人也对我报以微笑。我以一种愉悦的态度，来对待那些满肚子牢骚的人。我一面听着他们的牢骚，一面微笑着，于是问题就容易解决了。我发现微笑带给我更多的收入，每天都带来更多的钞票。"

"我跟另一位经理合用一间办公室。我告诉他最近我所学到的做人手段，我很为所得到的结果而高兴。他接着承认说，当我最初跟他共用办公室的时候，他认为我是个闷闷不乐的人——直到最近，他才改变看法。他说当我微笑的时候，我充满慈祥。"

"我也改掉了批评他的习惯。我现在只赏识和赞美他人，而不蔑视他人。我已经停止谈论我所要的，我现在试着从别人的观点来看事物，而这真的改变着我的人生。我变成了一个完全不同的人，一个更快乐、更富有的人，在友谊和幸福方面很富有的人，这些也才是真正重要的事情。"

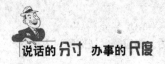

　　"真诚的微笑，其效用如同神奇的按钮，能立即接通他人友善的感情，因为它在告诉对方：我喜欢你，我愿意做你的朋友。同时也在说：我认为你也会喜欢我的。"这是拿破仑·希尔的经验总结。

　　在社会生活中，微笑已成为人们富有亲和力的特征。它有助于人们克服羞怯和困窘的情绪，并有助于人与人的交往和建立友谊。有的心理学家甚至认为会不会微笑是衡量一个人对周围环境适应的尺度。这种说法虽然不免有点夸张，但微笑确实能减轻生活的紧张感与环境的束缚感，达到"乐以忘忧"的境界。

　　沃尔玛零售公司的人事经理说，他宁愿雇佣一名有可爱的笑容而没有念完中学的女孩，也不愿意雇用一个板着冷冰冰面孔的哲学博士。

　　一名大学生到一家刚刚成立的公司参加应聘，见这里设施简陋，立即满脸愁容，精神不振。老板一看他的神态，便失去了继续交谈的兴趣。而另一位大学生没有因为公司的设施简陋而感到沮丧，他微笑着对老板说："我如果能来到这里工作，一定会努力工作。"老板立即对他产生了好感，很快面试就通过了。

　　笑是一种内心自信的流露，会感染别人；笑也是一种是对他人友好的表示。

　　甜甜的微笑，不会花费你多大的代价，却能给你带来意想不到的收获。

1919年，美国旅馆业大王希尔顿把父亲留给他的12000美元连同自己挣来的几千美元投资出去，开始了他雄心勃勃的旅馆经营生涯。当他的资产奇迹般地增值到几千万美元的时候，他欣喜而自豪地把这一成就告诉了母亲。出乎意料的是，他的母亲淡然地说："依我看，你和以前根本没有什么两样……事实上你必须把握比5100万美元更值钱的东西。除了对顾客诚实之外，还要想办法使曾入住希尔顿旅馆的人再来住，你要想出这样一种简单、容易、不花本钱而行之久远的办法去吸引顾客。这样你的旅馆才有前途。"

经过了长时间的迷惘和摸索，希尔顿找到了具备母亲说的"简单、容易、不花本钱而行之有效"四个条件的东西，那就是微笑服务。

这一经营策略使希尔顿大获成功，他每天对服务员说的第一句话就是"你对顾客微笑了没有？"即使是在最困难的经济萧条时期，他也经常提醒职工们记住："万万不可把我们心里的愁云摆在脸上，无论旅馆本身遭受的困难如何，希尔顿旅馆服务员脸上的微笑永远是属于旅客的阳光。"就这样，他们度过了最艰难的经济萧条时期，迎来了希尔顿旅馆业的黄金时代。

经营旅馆业如此，其他行业又何尝不是呢？生活中遇到的一切烦恼，又何尝不能用你的微笑化解呢？

微笑是一种令人心情愉悦的表情，是一种含义深远的体态语，在公关活动中有很重要的作用。微笑可以大大缩短人与人之

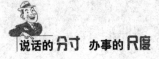
间的心理距离，迅速增进双方的亲近感。生活里，不管是和相识的或不相识的人在一起，不管是去找人办一件事，还是想结识一位新伙伴，一个热情的微笑，都会像一缕阳光，给人以温暖，使人感到轻松愉快；而冷漠的表情、古板的态度，只会让对方感到难堪，产生被人拒之千里外的隔膜心理。

所以，不论你现在从事什么工作，在什么地方，也不论你目前遇到了多么严重的困境，甚至你的人生遭遇了前所未有的打击，用你的微笑去面对它们，面对一切，那么一切都会在你的微笑前低头。

4. 骂人不带"脏字"巧反击

日常生活中，我们屡屡见到令人不满或生气的事情，这时，骂人不带"脏字"的反击方式就可以派上用场。

生活中我们经常遇到无理的提问，这种场面往往让人窘迫，这时你必须使点"心眼"，学习些应对的方法和技巧，你就能如鱼得水、得心应手地化解尴尬的场面，把自己从窘境中解救出来。

有一个吝啬的老板叫伙计去买酒，伙计向他要钱，他说："用钱买酒，这是谁都能办到的，不花钱买酒，那才是有能耐的人。"

一会儿，伙计提着空瓶回来了。老板十分恼火，责骂道："你让我喝什么？"

伙计不慌不忙地回答说："从有酒的瓶里喝到酒，这是谁都能办到的；如果能从空瓶里喝到酒，那才是真正有能耐的人。"

显然，老板想不花钱喝酒的行为是很无赖的，而如果伙计不知如何机智应对的话，可能遭到老板的严厉斥责，或者只有自己贴钱给老板买酒喝。

在现实生活中，反击别人的不适当言行可采用这样一些技巧：

（1）比对方更荒谬

一位记者向扎伊尔前总统蒙博托说："你很富有。据说你的财产达30亿美元！"

显然，这一提问是针对蒙博托本人政治上是否廉洁而来的。对于蒙博托来说，这是一个极其严肃而易牵动政治的敏感问题，蒙博托听了后哈哈大笑，然后反问道：

"一位比利时议员说我有60亿美元！你听到了吧？"

记者的提问显然是认为扎伊尔前总统蒙博托不廉洁，但并没直说，而是用引证的方式委婉地表达，蒙博托如果发脾气，正言厉色地驳斥，则既有失风度体面，又有"此地无银三百两"之嫌；心平气和地解释恐怕也行不通，谣传的事情能够三言两语澄清真相吗？

于是，蒙博托除了用"哈哈大笑"表示不屑一顾以外，还

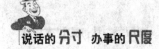
引用一位比利时议员的话来反问记者，似乎在嘲笑记者的孤陋寡闻，但实际上是以更大的显然是虚构的数字来间接地否定了记者的提问。

（2）委婉点拨

意大利著名歌剧作曲家罗西尼对自己的创作非常严肃认真，非常注意独创性，他对那些模仿、抄袭行为深恶痛绝。

有一次，一位作曲家举办了一场演奏会，演奏自己的新作，特意请罗西尼去听他的演奏。罗西尼坐在前排，兴致勃勃地听着，开始听得蛮入神，继而有点不安，再而脸上出现了不快。

演奏按其章节继续下去，罗西尼边听边不时把帽子脱下又戴上，接连好几次。演奏者看到这奇怪的动作和表情。演奏完后问他："这里的演出条件不好，是不是太热了？""不，"罗西尼说，"我有一见熟人就脱帽的习惯，在阁下的曲子里，我碰到那么多熟人，不得不频频脱帽了。"

艺术贵在独创，这样才能形成独创风格乃至形成流派；抄袭与模仿，则只能在艺术巨匠的浓荫中苟且偷生，毫无建树。因此，对于艺术创作，要反对单纯的模仿，更要杜绝抄袭行为。19世纪意大利著名歌剧作曲家罗西尼对模仿、抄袭行为的深恶痛绝源于此。然而，直接的指责恐怕会使对方十分难堪，罗西尼便用体态语及说明来委婉地表示："在阁下的曲子里我碰到那么多熟人"，言外之意是你抄袭了他们的作品。虽然没有明说，那位作曲家的脸一定会涨得通红！

（3）循循善诱

伟大的十月革命刚刚胜利的时候，象征沙皇反动统治的皇宫被革命军队攻占了。当时，俄国的农民们打着火把嚷着要点燃这座举世闻名的建筑，将皇宫付之一炬，以解他们对沙皇的仇恨。一些有知识的革命工作人员出来劝说，但无济于事。

列宁同志得知此消息，立即赶到现场。面对着义愤填膺的农民，列宁同志很恳切地说："兄弟们，皇宫是可以烧的。但在点燃它之前，我有几句话要说，你们看可以吗？"

农民们一听这话，认为列宁同志并不反对他们烧，立即允诺道："完全可以。"

列宁同志问："请问这座房子原来住的谁？"

"是沙皇统治者。"农民们大声地回答。

列宁同志又问："那它又是谁修建起来的？"

农民们坚定地说："是我们人民群众。"

"那么，既然是我们人民修建的，现在就让我们的人民代表住，你们说，可不可以呀？"

农民们点点头。

列宁同志再问："那还要烧吗？"

"不烧了！"农民们齐声答道。

皇宫终于保住了。

迁怒于物往往是情感朴直、思维简单的一种表现，解决这样

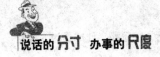

的问题，关键在于疏导。面对激动的群众，列宁几句循循善诱的问话，厘清了群众思路，提高了其思想认识，保住了皇宫这座举世闻名的建筑。

列宁采取的方法是，首先理解和赞同群众的观点，这样争取了引导群众的时间和机会；其次，正本清源，使农民们懂得，皇宫虽然是沙皇统治者居住的，但修建者却是人民群众，如今人民群众从沙皇手中夺过了皇宫，归还了人民群众，就应该让人民代表住，这个道理是可以服人的，因此农民们认同了这一说法。最后一问，是强化迂回诱导的结果，让群众明确表态："皇宫不烧了"，从而完全达到了目的。

（4）针锋相对

有一位女作家写完了一部长篇小说，发表后引起轰动，这书一时成为最畅销的热门书。有个评论家曾向女作家求婚遭到拒绝，怀恨在心，经常在评论中旁敲侧击地贬低这个女作家的才干。有一次文学界举行聚会，许多人当面向女作家表示祝贺，称赞作品的成功。

女作家一一表示感谢。忽然，那位评论家挤开众人走到了前面，大声向女作家说道：

"您这部书的确十分精彩，但不知您能否透露一下秘密。这本书究竟是谁替您写的？"

女作家还陶醉在众人的赞扬声中，冷不防他竟会提出这样的问题，就在她一愣的刹那，已有人偷偷发笑了。女作家立即清醒地估量了形势，问题以外的争吵于己不利，她马上镇静下来，露出谦和的笑容，对评论家说道：

"您能这样公正恰当地评价我的作品，我感到十分荣幸，并向您表示由衷的感激！但不知您能否告诉我，这一本书是谁替您读的？"

评论家的问话，用意十分明显；而女作家的反问，同样针锋相对，潜台词是说，你从来不认真读别人的作品，所做的评论无非信口雌黄。连书都不读的人，有什么资格做评论！巧妙的反问，使评论家陷入了十分狼狈的处境。

类似的例子还有很多。比如：

在一次国际会议期间，一位西方外交官对我国外交官挑衅说："如果你们不向美国保证，不用武力解决台湾问题，那么显然就是没有和平解决问题的诚意。"

面对这种挑衅性的无稽之谈，我国代表回答道："台湾问题是中国的内政问题，采取什么方式解决是中国人民自己的事，无须向他国做什么保证。"说到这儿他话锋一转，反问道："请问，难道你们竞选总统也需向我们做什么保证吗？"

这针锋相对的反诘，使对方无言以对，讨了个没趣，满脸窘态。

（5）幽默一点

在工作或生活中，我们需要肯定地表达自己的观点。在受到某种不合理的阻挠或不公正的待遇时，不妨哇哇叫几声，这也是在运用幽默的力量。

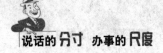

问题已经十分明显，有必要作出适当的回应时，再坚持"多一事不如少一事"，就是懦弱的表现。

有一家公司的餐饮部，伙食很差，收费昂贵。职员们经常发牢骚，甚至谩骂餐厅负责人。有一回，一位职员买了一份菜后叫起来，他用手指捏着一条鱼的尾巴，把它从盘子中提起来，冲餐厅负责人喊道："喂，你过来问问这条鱼吧，它的肉上哪儿去啦！"另一位职员要的是香酥鸡，他发现没有鸡腿，于是他也叫起来："上帝啊！这只鸡没有腿！它怎么跑到我这儿来了呢？"

同样，当别人妨碍你的工作时，你也可以提高嗓门回敬他一个幽默。

有一位女乘客不停地打扰司机，车子每行一小段路程，她就提醒司机，她要在某个地方下车。司机一直很耐心地听着，不吭声。后来女乘客大叫："你不说话，我怎么知道要下车的地方到了没有！"

司机也叫起来："我的脸笑开了，你就下去吧！"

著名电影导演希区柯克有一次拍摄一部巨片。这部巨片的女主角是个大明星、大美人。可她对自己的形象要求"精益求精"，不停地唠叨摄影机的角度有问题。她一再对希区柯克说："你一定得考虑到我的恳求"，"务必从我最好的一面"来拍摄。

"抱歉，我做不到！"希区柯克大声说。

"为什么？"

"因为我没法拍你最好的一面，你正把它压在椅子上！"

在和不喜欢的人相处的时候，运用幽默的力量，既能巧妙地表明自己的态度，又能避免造成过分尴尬的局面而深深伤害了别人的感情。

5. 不给对方机会说"不"

当你与别人交谈的时候，不要先讨论你不同意的事，要先强调，而且不停地强调你所同意的事。因为你们都在为同一结论而努力，所以你们的相异之处只在方法，而不是目的。

让对方在一开始就说"是，是的"。假如可能的话，最好让对方没有机会说"不"。

懂得说话的人都在一开始就得到许多"是"的答复，接着就把听众心理导入肯定方向。就好像打撞球的运动，原先你打的是一个方向，只要稍有偏差，等球碰回来的时候，就完全与你期待的方向相反了。

当一个人说"不"，而本意也确实是否定的话，他所表现的绝不是简单的一个字。他身体的整个组织——内分泌、神经、肌肉——全部凝聚成一种抗拒的状态，通常可以看出身体呈现出一

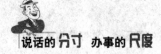

种收缩或准备收缩的状态，相当于整个神经和肌肉系统形成了一种抗拒的状态。反过来，当一个人说"是"时，就没有这种收缩现象产生，其身体组织就呈现出接受和开放的态度。因此开始时我们越是让对方持肯定意见，后面就越容易使对方注意到共同的终极目标。

这种让对方肯定的反应是一种非常简单的行为方式的手段，但是却被人们忽略了！让对方否定的反应是最难克服的障碍。当对方说了一个"不"字之后，他那本能的自尊就会迫使他继续坚持下去。虽然以后，他也许发现这样的回答有待考虑。但是，他的自尊往哪里摆呀？一旦说了"不"，他就发觉自己很难再摆脱不说"不"。所以，如何让对方一开始就朝着肯定的方向作出反应，这对结果是很重要的。

　　约瑟夫·艾利森是西屋电气公司的一位业务代表，在他的辖区内有个人，公司一直很想和他做生意。艾利森与对方多次商谈、打电话，终于卖了些发动机给他。既然有了开始，以后就不难再继续下去。之后，艾利森情绪高昂地再度拜访对方。

　　接待艾利森的是对方的总工程师，这位总工程师向艾利森公布了一个惊人的消息："艾利森，我们不能再买你们的马达了。"

　　"为什么？"艾利森惊讶地问道。

　　"因为你们的发动机太热了，我不能把手放在上面。"

　　艾利森知道争论是没有用的，这时艾利森想起了"是"反应的原则。

"啊，史密斯先生，"艾利森说道，"我百分之百同意，假如那些发动机真的太热，就不要再买了。您这里一定有符合您公司标准的发动机吧？"

总工程师表示同意，艾利森得到了第一个"是"反应。

"您公司一般规定发动机的设计，其温度可高出室温华氏72度，是吗？"

"是的。"总工程师又表示同意，"但是你们的产品还是太热了。"

"工厂里的温度是多少？"艾利森问道，并没有与总工程师争辩。

"啊，大概是华氏75度左右。"总工程师回答。

"很难。"艾利森说道，"假如工厂内的温度是75度，则发动机的温度可高达75加上72度，也就是华氏147度。假如您把手放在147度的水龙头下，是不是会烫伤呢？"

"是的。"总工程师不得不这样说。

"很好。"艾利森建议道："那么，是不是最好不要把您的手放在发动机上呢？"

"我想你说得一点儿不错。"总工程师承认。在往后数个月里，他们又成交了将近35000多元的生意。

也许还会有人以为，在一开始便提出相反的意见，这样不正好可以显示出自己重要且又有主见吗？但事实并非如此，在现实生活中，这种"是"反应的技术更有用处。

尼克要开一个户头，布拉尔先生就给他一些普通表格让

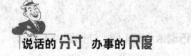
他填。有些问题他心甘情愿地回答了，但有些他则根本拒绝回答。

在研究说话的技巧之前，布拉尔一定会对尼克说："如果您拒绝对银行透露那些资料的话，我们就无法让您开户头。"当然，像那种断然的方法，会使自己觉得痛快，因为表现出了谁是老板，也表现出了银行的规矩不容破坏。但那种态度，当然不能让一个进来开户头的人有一种受欢迎和受重视的感觉。

那天早上，布拉尔决定不谈论银行对客户的要求，而谈论对方所要的。最重要的，他决定在一开始就使客户说"是"。因此，他没有一来就反对尼克先生，而是说："您拒绝透露的那些资料，也许并不是绝对必要的。"

"是的，当然。"尼克回答。

"您难道不认为，把您最亲近的亲属名字告诉我们，是一种很好的方法，万一您去世了，我们就能正确并迅速实现您的愿望吗？"布拉尔又问。

尼克又说："是的。"

接着，他的态度软化下来，当他发现银行需要那些资料不是为了银行，而是为了客户的时候，他改变了态度。在离开银行之前，尼克先生不止告诉布拉尔所有关于他自己的资料，还在布拉尔的建议下，开了一个信托户头，指定他母亲为受益人，而且很乐意地回答了所有关于他母亲的资料。

记住：若一开始你就让对方说"是"，他就会忘掉你们争执的事情，而乐意去做你所建议的事。

苏格拉底是人类历史上最伟大的哲学家之一，他改变了人类的思考方式。在2400年后的今天，大家仍尊他为最具智慧的说服者，因为他对这个纷争的世界影响很大。

他的秘诀是什么？他指出别人的错误了吗？当然不是。他的方法现在被称为"苏格拉底法则"，也就是我们提到的"是"反应技巧。他问些对方赞成的问题，然后渐渐引导对方进入设定的方向。对方只好继续不断地回答"是"，等到觉察时，我们已得到设定的结论了。

所以，下次告诉别人犯错的时候，请记住苏格拉底的这一有效的法则，问些温和的问题———些能引发别人做出"是"反应的问题。

6. 丑话说在前，事后少麻烦

在利益面前，有时不要顺其自然，也不要过分谦让，凡是自己应该得到的，就要大胆说出口。

年轻人可能都有这样一种感觉，自己的同学、朋友几年不见，聊起天来，眼里多半都是收获，这个当官了，那个成了专家……这时候是最刺激人的。一些平时"只会耕作"的同学，不由黯然神伤、顿生感慨……

所以，年轻人在利益面前，要来点"心眼"，不要顺其自然，也不要过分谦让，应该大胆地向领导要求自己应该得到的。

"丑话说在前头"，在接受任务时谈好报酬更易让领导接受。争利把握好度，既不争小利，不计较小得失，又不过分争利。当然，"折扣"的方法有时也很奏效。

当我们考虑工作究竟是为什么的时候，可能有很多不同的回答，比如为社会做贡献、为人民服务等，这些都是可以上电视或发新闻的话。然而，任何人都不能否认我们是为利益而工作，比如金钱、福利、职务、荣誉等，否则就未免太虚伪了。在当今市场经济体制下，我们说为利益而工作是正大光明的。

之所以强调在与领导相处的过程中要学会争利这个问题，就是因为有许许多多的人因为不会争利而频频"吃亏"。很多人不会争利一般有这样的表现，他们不敢争利，甚至连自己应该得到的也不敢开口向领导要求，既怕同事有看法，也怕给领导造成坏印象，大有"君子不言利"的味道。

一些人认为向领导要求利益，就肯定要与领导发生冲突，给领导添麻烦，影响与领导的关系，什么都不敢提，结果往往一事无成。干好本职工作是分内的事，要求自己应该得到的也是合情合理的，付出越多、成绩越大，应该得到的就越多。

大家应该知道，只要你能干出成绩，向领导要求你应该得到的利益，他也会满心欢喜；如果你无所作为，无论在利益面前表现得多么谦让，领导也不会欣赏你。事实上，从领导艺术上讲，善于驾驭下属的领导也善于把手中的利益作为笼络人心、激发下属干劲的一种手段。可见，下属要求利益与领导分配利益是一个积极的处理上下级关系的手段。

一个有价值、有成就的人，为自己的利益而争是光明正大的。而向领导要求利益大有学问，关键是要把握好火候和分寸。

（1）执行重大任务以前，争取领导的承诺

现实表明，领导在交办重要任务时常常利用承诺作为一种激励手段，对下属而言这既是压力又是动力，对领导而言"重赏之下必有勇夫"。如果领导在交代任务时忘记了承诺，或不好做出承诺，你应该提前要求你应该得到的，这不是什么趁火打劫。

王翦是秦始皇手下战功累累的大将，他协助秦始皇消灭晋王，赶走燕王，并数破楚军，但秦始皇对他疑心重重，怕他功高镇主，因而在攻打楚军时有意重用李信将军，后来王翦称病告老还乡。李信在与楚军交战时受挫，秦始皇也只好放下架子赶到王翦面前谢罪并请他出山。

王翦率兵60万，由秦始皇亲自送到灞上，以表示秦始皇信任王翦，但恰恰是这样，他对王翦掌握重权不放心的顾虑也流露出来。于是，王翦在出发前，向秦始皇请求许多田宅园池。秦始皇问："将军就要走了，为何忧虑贫穷呢？"王翦说："作为君王的将军，即使有功也不能封侯，所以趁君王信任、重用和偏向我时，我得及时请求点好处为子孙造福。"秦始皇见王翦如此坦诚可爱，放心不少，他开怀大笑。王翦到了边关，又5次派人回都请求良田，有人觉得这样不妥，便问："将军这样强请硬求未免太过分了吧。"王翦深谋远虑地说："不然，秦始皇粗鄙而不信任人，现在将全秦国的士兵委任于我一人，我不多要田宅为子孙谋基业来巩固自己，反而让秦始皇因此而怀疑我吗？"

王翦不愧为智勇双全的大将，于外于内都是八面玲珑，可谓老谋深算。在接受重大任务前，当面向领导请求自己应该得到的，既表明你对完成任务充满信心，也表明你既然如此坦诚地要求了利益，那么在完成任务的过程中就不可能再玩"猫腻"，至少在领导心目中形成这种印象。

尤其是牵涉经济利益的一些事情，领导也深明其中的利害，把这样的任务交给你去办他能不担心吗？假如从中捞点回扣、做点手脚、收取礼品等，领导都能估计到，如果你接受任务时不声不响非常痛快，领导往往会认为"你这人这么高兴地接受任务，是不是心存不良"。所以，最好有话当面说，有要求当面提，要玩"马前卒"，不要搞"马后炮"。

（2）要求利益要把握好"度"，要学会见机行事

向领导提要求如果不会把握分寸，所提要求过高，引起领导的反感，反而招致奚落。所以提要求需要做到以下几点：

①不争小利。不为蝇头小利伤心动气，胸怀宽广、大将风度，在领导心目中形成"甘于吃亏""愿吃亏"的印象，在小利面前忍让为先。

②按"值"论价，等价交换。最简单的例子，如你拉到10万元赞助费或为单位创利100万元，你要按事先谈好的提成比例索取报酬，不能漫天要价，也不要让领导克扣给你的奖励。

③夸大困难，允许领导打折扣。"漫天要价，就地还钱"也是对付一些喜欢打折扣的领导的方法。有时你把困难说小了，领导认为事情容易，给你的好处也少。因此，要学会充分"发掘"困难，善于向领导表露困难，要求利益时可以放大些、比你实际想得到的多一些，给领导一些"余地"，不给他形成你想要多少就给多少的想法。比如提住房要求，按你的资格和条件，只能要

求两室一厅的楼房，实际上你并未对此抱多大希望，那么领导打折扣时也不会太离谱。有的人很实在，够两室一厅的资格和条件，但没把困难充分说出来，不折不扣地提了两室一厅的要求，结果领导把两室一厅的房子优先分给困难大、要求强烈的人，那他就只能退而求其次了。

所以，夸大困难和要求实在是一种必要的处事策略，关键问题是要把握住时机和度。

7. 运用道歉，化解矛盾

人孰能无过。在人际交往中，与各式各样的人接触，难免会说错话、得罪人，因此，人人都需要学会道歉的做人手段。诚挚的道歉不但可以弥补破裂的关系，而且还可以促进双方对彼此的理解，增进感情，使关系变得更为牢固。

在日常生活和工作中，因自己的言行失误而打扰、影响别人，或者对别人造成精神上的伤害或物质上的损失时，都应自觉地向对方道歉，这是挽回和维系你们的友好关系的最好办法。

小吴在广州工作。一天，老总要他将某项目可行性研究报告提交给上海的同事安，小吴并不认识安，报告发过去后，安通过网络向小吴问了很多业内人士觉得很可笑的初级问题。当时小吴就回话："你还没有入门吧？"这句话引发了两人之间的言语纷争。小吴看安不懂装懂还极力狡辩，便

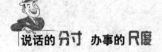

毫不客气、极尽挖苦，安气得用英语唾骂小吴，结果自然是
不欢而散。小吴后来生病休养了一段时间，上班后老总提起
此事，说安投诉小吴到上海集团公司执行总裁那，总裁对小
吴的表现很不满。于是老总吩咐小吴在抓好业务的同时，要
及时向安道歉。老总言辞缓和，显露爱才之心，说安是上海
集团公司的一名经理，刚留学归来，被小吴这样的小字辈耻
笑肯定心中难以平衡，希望小吴能理解。小吴为有辱老总脸
面备感歉意，虽然觉得自己吃亏，还是主动发了一封道歉信
给安。

　　为避免伤害别人的感情，消除他人对自己的恶感，最聪明的
办法就是谦逊一点。自己有果实的时候立刻道歉，别人一般都能
理解和接受，这就是道歉的神效。倘若我们大家能运用道歉的神
效，我们的生活将会减少很多不愉快。

　　人孰能无过，我们都需要学会道歉的艺术，扪心自问，看看
你是否常常毫不留情地妄下断言，说出伤人的话，牺牲了朋友，
自己从中得利；再想想看，有哪几次你诚心地坦然表示歉意。有
点惶恐是不是？惶恐的原因在于我们深知即使稍有过失也难免怅
然若失，除非知道道歉，否则总是内疚于心。

　　有些人认为道歉是向别人低头，失去了个人尊严。一味坚持
自己的错误，不肯道歉，又何谈尊严呢？

　　不负责的人不会赢得他人的信赖，不敢道歉意味着不敢对自
己的行为负责。

　　一次语文单元测验，老师误将一位学生答对的题扣了

分。卷子发下来，这位学生举起手："老师，您错了，应该向我道歉。品德课上老师就是这么说的。"顿时，教室里一片寂静，老师也愣住了。片刻，这位老师笑着说："是我疏忽了，对不起！"

事后有人问这位老师："你当时不觉得窘迫吗？"他却说："像这样有道德勇气的学生，很少见，我喜欢。"

尽管道歉是生活中一个再平常不过的细节，但在我们所见所闻中，作为老师，在学生面前承认自己的错误并诚恳道歉不容易。因为，道歉对于老师来说，同样承担着"诚信"一落千丈、学生效仿"找茬儿"的风险。但是，那位老师用勇气呵护了幼小学生心田里刚刚萌芽的道德的光芒。

有时我们迟迟不道歉是因为怕碰钉子，这种令人难堪的局面可能确会发生，但原谅别人可以祛除心里的怨恨，而怨恨是戕害心灵的。有谁愿意反复蒙受痛苦和愤怨的折磨？

那么应该怎样道歉呢？一般来说有下列几点：

（1）切记道歉并非耻辱，而是真挚和诚恳的表现。伟人也有向人道歉的时候。丘吉尔起初对杜鲁门的印象很坏，但后来他告诉杜鲁门自己以前低估了他——这句话是以赞誉方式做出的道歉。

（2）如果你觉得道歉的话说不出口，可以用别的方式代替。吵架后，一束鲜花能令前嫌冰释；把一件小礼物放在餐碟旁或枕头底，可以表明悔意，以示爱念不渝；没有语言，肢体接触也可传情达意，千万不要低估"尽在不言中"之妙。

（3）除非道歉时真有悔意，否则双方也难以释然于怀，道歉一定要出于至诚。

（4）道歉要堂堂正正，不必奴颜婢膝。你想把错误纠正，这是值得尊敬的事。

（5）应该道歉的时候，就马上道歉，越耽搁就越难启齿，有时甚至追悔莫及。

数年前，我担任某基金会理事的时候，有位年少气盛的助理建议撤换理事长，由他继任。我们投票同意了。我们差不多马上就发觉已经铸成大错，不该让那位理事长离职。

我决定向他表达我的歉意，可惜在我还未有机会和他见面，他已因心脏病去世。我的歉意始终无法表达，至今仍然耿耿于怀。

（6）假如你认为有人得罪了你，而对方没有致歉，你就该冷静应付，不要闷闷不乐，更不要生气。写一封短笺，或由一位友人向对方传达、解释你心里不痛快的原因，并向他说明你很想排除这烦恼。你若能让对方明白道歉不会导致难堪，对方往往就会立刻道歉——说不定他心里也不好过。

（7）你如果没有错，就不要为了息事宁人而认错。这种没有骨气的做法，对任何人都无好处。同时要分辨清楚深感遗憾和必须道歉两者的区别。譬如你是主管，某一部属犯了错，势必予以革职不可，此事你会觉得遗憾，但是不用道歉。

（8）假如你有对不起某人的地方，你想向他道歉，就应立刻想办法去做。你该写封信、打个电话有所表示。送一本书、一盆花草、一盒糖果，或者用其他任何足以表达心意的东西代你做这样的表示："我对彼此的隔阂深感难过，亟望冰释前嫌，甘愿承担部分或全部咎责，并盼你能接纳这点微意以及人间最能化戾气为祥和的三个字：'对不起'。"

8. 背后赞美更有好人缘

在我们的职场工作环境中，常有一些同事聚在一起谈论那些不在场同事的是非。一提到这些道人长短、论人隐私的话题，大家就显得兴致勃勃，现场的气氛也随之热烈起来。但是，这种无聊的话题却是一点也不值得声张。不论你说的话题有没有恶意，到最后都会变成让人不舒服的坏话。

而且，这种搬弄是非、道人长短的话很容易传到当事人耳中。即使听到这些话的人并非故意地去传播，但还是会直接或间接地传入当事人耳中，而且事情往往已被添油加醋，面目全非，这正是所谓的"好事不出门，坏事传千里"。

曾经看过这样一个相声，说是马季先生在家生了一个鸡蛋，一会儿就传成了他生了一个鸭蛋，而且还是咸鸭蛋，一会儿又传成了他生下一个鹅蛋，最后传成了马季先生生了一个恐龙蛋。

足可见人言可畏，捕风捉影的人更可怕，当初说话的人的初衷，往往在传话的过程中就变了味、变了性，说不定正话就成

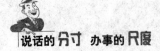
了反话了。记得最清楚的就是朋友曾告诉我的一件事情：他为了考验是不是某个人喜欢向领导打小报告，某日上午他特意和这个人说了一件任何人都不知道的事情，下午他专门去领导的办公室转悠，结果，领导就问他上午是不是说什么了。可见传话之快、传话之迅速了，特别是为了防止自己曾说的话在传播中变味，不要在人背后议论他人，说不好的话，至于那些偶尔的"不好"之话，即便是很公正的话，也要留着，自己悄悄地说给自己的心去听了。

人们都讨厌背后说别人坏话的小人，一方面是背后说坏话，会有中伤别人的感觉，另一方面，人们会觉得背后的评价更能体现说的人内心的真实想法。因此，当知道某人在背后赞美自己的时候，也会感觉说的人真的是这样想的，不要担心你在别人面前说另一个人的好话，当事者不会听见，这世界没有不透风的墙，就算赞美传不到当事人耳朵里，别人也会因为你的夸奖而更加敬重你。

每个人都有虚荣心，喜欢听好话。来自社会或者他人的赞美能使一个人的自尊心、自信心得到极大的满足。当一个人的荣誉感得到满足时，会情不自禁地被鼓舞，从心里对赞美者感到亲切。如此一来，以后，双方沟通交流起来，会有事半功倍的效果。不知不觉间，习惯赞美他人的人会拥有一个良好的人缘。

《红楼梦》中有这么一段：

> 史湘云、薛宝钗劝贾宝玉做官为宦，贾宝玉大为反感，对着史湘云和袭人赞美林黛玉说："林姑娘从来没有说过这些混账话！要是她说这些混账话，我早和她生分了。"

凑巧这时黛玉正来到窗外,无意中听见贾宝玉说自己的好话,"不觉又惊又喜,又悲又是叹。"结果宝黛两人互诉肺腑,感情大增。

在林黛玉看来,宝玉在湘云、宝钗、自己三人中只赞美了自己,而且自己也是碰巧听到,倘若宝玉当着黛玉的面说这番话,好猜疑、使性子的林黛玉怕还会说宝玉打趣她或想讨好她呢。

人是社会的主体,想在其中立足,首先要做好的就是处理、协调好人与人之间的关系。问题很简单实际,简单到只是人与人之间在生活中的交往而已,可它却又是个涉及无数个细节的烦琐问题。任何一点出了纰漏,可能都会影响到你和他人的交往,简单点说,就是小纰漏也会影响你的好的人缘。

"前"与"后"的关系构成一个整体。所谓"思前想后"讲的就是这个道理。人生也有"前台"与"后台",如何处理好人前与人后的关系,往往影响很大。

喜欢听好话是人的一种天性。当来自社会、他人的赞美使一个人的自尊心、荣誉感得到满足时,人们便会情不自禁地感到愉悦,受到鼓舞,并对赞美者产生亲切感,双方的心理距离就会因赞美而缩短、靠近,自然就为双方的成功交往创造了必要的条件。

德国的铁血宰相俾斯麦,为了拉拢一个敌视他的议员,便有计划地在别人面前赞美这位议员,他知道那些人听了之后,肯定会把他的话传给那个议员。后来,俩人成了无话不说的政治盟友。

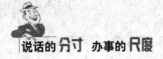

事实上，在我们的周围，可把这种方法派上用场之处不胜枚举。例如，一个员工，在与同事们午休闲谈时，顺便说了上司的几句好话。当这几句话传到他的上司的耳朵里，这免不了让上司的心里有所欣慰和感激。而同时，这个员工在上司心目中的形象也就获得了提升。

不要小看这些细节，生活就是由无数个细节组成的。生活没有多少轰轰烈烈被载入史册的事情等着我们，我们要做的只是细节，一个又一个。现在，我们要注意的一个细节是，时常说别人好话，别担心这好话传不到当事人的耳朵里。

对一个人说别人的好话时，当面说和背后说是不同的，效果也不会一样。你当面说，人家会以为你不过是奉承他、讨好他。你的好话在别人背后说时，人家认为你是真诚的、是真心。假如你当着上司和同事的面说上司的好话，你的同事们会说你是讨好上司、拍上司的马屁。另外，这种正面的歌功颂德，效果反而很小，甚至有反效果的危险。与其如此，倒不如在公司的其他部门，或上司不在场时，大力地吹捧上司一番。这些好话终有一天会传到上司的耳中。

坚持在别人背后说好话，对你的人缘会有意想不到的影响。背后说好话，能助你左右逢源，广结良缘。

9. 打人不打脸，骂人不揭短

中国人有句俗话，叫"打人不打脸，骂人不揭短"。没有一个人愿意让别人知道自己短处的，所以，在与人相处时，即便是为了对方或是为了大局必须指出别人缺点时，也要讲究策略和方法。否则，达不到你的目的，这也是做人的一种手段。

我们每个人都会有缺陷、弱点，这也许是生理上的，也许是隐藏在内心中不堪回首的经历，尤其是生理上的缺陷，本人无法去改变它，而且内心也许常为此懊恼，我们便不可以拿对方的缺陷来开玩笑，就算为自己的利益着想，也不应去触痛别人的"疮疤"。因为对任何人来说，被击中痛处，都会伤心难过。

明太祖朱元璋出身贫寒，做了皇帝后，自然少不了有昔日的穷亲戚朋友到京城找他。他们以为朱元璋会念在旧情，给他们个一官半职，可他们不知道，朱元璋最讨厌别人揭他的老底，认为穷亲戚那会损害他的威信。有位朱元璋儿时一块光屁股长大的好友，千里迢迢从老家凤阳赶到南京，几经周折总算进了皇宫。一见面，这位老兄便大嚷起来："哎呀，老四，你当了皇帝可真威风呀！还认得我吗？当年咱俩可是一块儿光着屁股玩耍，你干了坏事总是让我替你挨打。记得有一次咱俩一块偷豆子吃，背着大人用破瓦罐煮豆，豆还没煮熟你就先抢起来，结果把瓦罐都打烂了，豆子撒了一地。你吃得太急，豆子卡在嗓子眼儿还是我帮你弄出来的。怎么，不记得啦！"这位老兄喋喋不休唠叨个没完，朱元璋早已坐不住了，心想，这个人太不知趣了，竟然在文武百官面前揭我的短，让我这个当皇帝的脸往哪儿搁。盛怒之下，朱元璋下令把他杀了。

这位朋友之所以落了脑袋，就是因为他揭了身为天子的短，所以，他人头落地也就不足为奇了。

要做到待人处世不揭人之短，就要了解对方的长处，也了解对方的不足。这样才能"知彼知己，百战不殆"。因为每个人都会有自己的个性和习惯，有自己的需求和忌讳。就如弱国对交际的对象一无所知，那么交际起来，就难免会有困难，也极容易走入"雷区。"

有时候，对方的缺点和错误无法回避，必须直接指出，当你指出对方的缺点和不足时，要顾及场合，别伤对方的面子。这时就要采取委婉含蓄的说法，淡化矛盾，避免发生冲突。尤其是要注意"避人所忌"，面对别人在生活中遇到某些不尽如人意的事时，最好不要主动引出这些有可能令对方尴尬的话题。

随随便便说人家的短处，或揭发别人的隐私，不仅损害别人的声望，且足以显示你为人卑鄙。首先要明白，你所知道关于别人的事情不一定可靠，也许还另有隐情，你若贸然拿你所听到的片面之言宣扬出去，非常容易颠倒是非、混乱黑白，说出去的话收不回来，事后你明白了全部真相时，你还能更正吗？比如你只知道王某借李某的钱不肯还，真是岂有此理。昨天你对这个朋友说，这话是从李某那里听来的，李某站在自己的角度当然把自己说得头头是道。人们都觉得自己是对的，你明白了人性的弱点，你就不会帮着李某诋毁王某，因为，你若有机会见王某，他也许会告诉你，他虽然借了李某一笔钱，但有一张借契押在李某手里，因房产跌价，到期款未还清，只好延长押期，而李某则急于拿回借款，王某只好再写借据说明若房产因环境关系跌价时，得延长押期直至李某将该款全数收回为止。所以，不能说他是赖债。由此看来，双方皆有理由。

人世间的关系是非常复杂的，若不知内幕，就不宜胡说八道。社会上总有那么一些人，专好推波助澜，把别人的是非编得有声有色，夸大其词、逢人就说。世间不知有多少悲剧由此而生。相信，你不会做这种人，偶然谈论别人的短处，也许无意中就为别人种下悲剧恶果，而恶果滋长到什么程度，是非你所能预料的。对你无益，对人有损。

要是有人向你说某某人的短处时，你唯一的办法是听了就算，像别人告诉你秘密一样，谨应闭口，不做损人的传声筒，并且不要深信片面之词，更不必记在心上。谈论别人，不可就片面的观察就在背后批评别人。说一个坏人的好处，旁人听了以为你是无知；把一个好人说坏了，那就不仅是损害他人，而自己的品德也有问题了。

那么，在做人处世中怎么能不揭人之短，给人留面子呢？

（1）了解对方，做到既了解对方的长处，也了解对方的不足。这样才能在交际中做到"知己知彼，百战不殆"。

（2）要善于择善弃恶。在做人处世中要多夸别人的长处，尽量回避对方的缺点。"好汉愿提当年勇"，又有谁愿意提及自己不光彩的一页呢？特别是如果有人拿这些不光彩的事来做文章，就等于在别人伤口上撒盐，无论谁都是不能忍受的。

（3）指出对方的缺点和不足时，要顾及场合，别伤对方的面子，尤其注意不要在对方下属或家属面前批评对方。

（4）巧给对方留面子。有时候，对方的缺点和错误无法回避，这时就要采取委婉含蓄的说法，淡化矛盾，以免发生冲突。而在待人处世中，我们周围许多人说话往往太过于直接，结果好心办了坏事。

尊敬别人，是谈话艺术必须遵守的条件。伤害对方，只不过是逞一时之强，得一时之快，对别人对自己都没有好处。如果不想别人损害你的尊严，那么你也不可损害别人的尊严。如果张裕当年不损害刘备的自尊，也不会招来杀身之祸。随随便便说人家的短处，或揭发别人的隐私，不仅有损别人的声望，也可显示出你为人的卑鄙。

10. 让他人发现自己的重要性

每个人都希望自己是重要的。事实上，大家愿意做所有事情，无论是好事还是坏事，只要能体现自己的重要性。

纽约电话公司曾针对电话对话做过一项调查，看在现实生活中哪个字使用率最高，在500个电话对话中，"我"这个字使用了大约3950次。这说明，不管你是什么人，不管你实际状况如何，在内心深处都是非常重视自己的。

美国学识最渊博的哲学家约翰·杜威说："人类本质里最深远的驱策力就是希望自己具有重要性。"每一个人来到世界上都有被重视、被关怀、被肯定的渴望，当你满足了他的要求后，他就会被你重视的那个方面焕发出巨大的热情，并成为你的好朋友。

现实生活中有些人之所以会出现交际障碍，就是因为他们不懂得或者忘记了一个重要原则——让他人感到自己重要。他们喜欢自我表现，喜欢夸大吹嘘自己，一旦事情成功，他们首先表现出的就是自己有多大的功劳，做出了多大贡献。这样不就是向他人表明：你们确实不太重要。无形之中，他们伤害了别人，当然最终也不利于己。

人类行为有个极为重要的法则，这一法则就是时时让别人感到重要。如果我们遵从这一法则，大概不会惹来什么麻烦，而且可以得到许多友谊和快乐。但是，如果我们破坏了这个法则，就难免招来麻烦。

有这样一个小笑话。有一个人请了四位同事到他家里吃饭，他倒是非常真诚地摆了一大桌酒菜。三个同事如约而至，只有一位仍不见踪影，主人在门口急得东张西望，搓手跺脚。一个同事从里头跑出来安慰他不要着急。谁知这位老兄随口甩出一句话："该来的不来。"旁边劝他的这位同事一听，心里想"这样说，我岂不是不该来的。"咣当一声摔门而去。里头另一位同事见状，急忙出来好言相劝。哪知这位老兄又从嘴里蹦出一句："唉！不该走的又走了。"来相

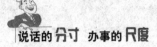
劝的同事一听，立刻怒从心起，"不该走的走了，那意思不就是该走的不走。得，甭解释了，我走了。"最后在屋里等的那位同事急忙出来帮着主人挽留客人。可惜这位老兄口才实在不佳，竟然又冒出一句："我根本不是冲他们说的。"最后那位客人一听，"噢，你不是冲他们说的，那不就是冲我说的吗？算了，我也不留了，一起走吧！"

这虽是一则笑话，却深刻地反映了人们渴望被人尊重的心理。

人际交往中一个极为重要的守则是：时时让别人感到重要。如果我们遵从这一做人守则，大概不会惹来什么麻烦，并且可以得到许多友谊和快乐，但如果我们破坏了这一守则，难免后患无穷。

那么，怎样才能使人们觉得他们重要呢？这里有一些方法：

（1）尽可能多地使用他们的名字

有人说，人的耳朵最喜欢的声音是他们自己名字的发音。我想那是真的。这是属于他们自己的独一无二的读法。如果你经常说他们的名字，意味着你真的关心他们，那会使他们觉得自己是珍贵的。

（2）聆听他们

这听起来很简单，如果你认真对待他们所说所想，如果你是假装的，他们总会发现你言不由衷。

（3）称赞并认可他们的成就

称赞不必是什么重大的事情，小事情也可以。你可以说："有一天我路过你们家花园，你种的花草长得多好啊"。或者说："你的领带很好看，与这套西装搭配得很好！"注意到并说出人们的独特之处能够使人们觉得自己与众不同。

（4）如果有人等着与你见面，一定要向他们打招呼

千万不要忽视等着与你见面的人，即使你只会意地看他们一眼，并让他们知道你很快就会结束手头的事。这将使他们觉得你很在意他们。

（5）当有人问你问题的时候，停一会儿再回答

这使他们的问题看起来很重要，因为它意味着你花时间思考他们提出的问题。

（6）当你身处团队中的时候，要关心每一个人

要记住，任何团队实际上都是由独立的、需要被认可和被欣赏的人组成的。当你面对团队讲话的时候，你要看着每一个人，让他们知道你觉得他们是重要的。

第五章

口才有禁忌，
把握幽默的分寸

做一个幽默的人固然很好，但在使用幽默时，要注意避免进入各种各样的误区。幽默虽然能促进人际关系的和谐，但倘若运用不当，也会适得其反，反而破坏人际关系的平衡，激化潜在矛盾，造成冲突。因此，正确掌握幽默的使用方法和技巧变得尤为重要。

1. 运用幽默要注意时机和场合

言语交际的失败大多与滥用幽默有关。滥用幽默不光使自己陷入尴尬的困境，导致别人轻视你，在众人的目光中，喋喋不休者仿佛如小丑一样可笑，故作幽默者更胜过小丑。因而我们运用幽默时，千万要注意时机和场合。

英格兰人常说：尽管幽默力量很重要，但它并不是生活的全部。当时机恰当的时候，你就去用它。

西方4月1日的愚人节，是捉弄人的节日，这一天，如果一个足不出户的小伙子突然接到姑娘约会的电话；一个姑娘突然接到假冒父母的来信；一个人到澡堂洗澡，衣服不翼而飞；一个学生去上课，教室里却空无一人……谁都想在这无所顾忌的节日里高高兴兴地捉弄别人，而被捉弄的人发觉上当后也会无可奈何地一笑了之。

愚人节时，一个人在街上散步，突然背后传来吆喝："请让开，便桶来了！"他急忙闪开，一辆自行车匆匆而过，上面是一个小伙子带着个漂亮姑娘。

如果上述事情不是发生在愚人节，而是发生在其他的时候，可能不但收不到幽默的效果，还会使人觉得无聊，甚至引起他人的反感。可见，幽默不是随时都可以用的，随着文明的进步，生活经验的积累，人们越来越清楚地认识到，幽默要讲究时机。

幽默，也要讲究场合。

如果你仅仅把时机作为幽默语言的准则，那就太狭隘了，因为要想成功地使用幽默，在讲究时机的同时还应当注意大环境。毫无疑问，讲究时机与场合，才能把幽默运用得更加恰如其分。

在发生重大事件的严肃场合，或者在葬礼上，不合时宜的幽默话语会引起别人的误解甚至怨恨。比如朋友正为失去亲人而伤心，你对在灵前落泪的朋友说："去世的那位先生一定是个个性强硬的人，你看，他现在从头到脚都是僵硬的。"这番幽默几乎可以肯定会受到痛斥。

在庄重的社交活动中，任何戏谑的话语都可能招来非议，如果你幽默起来没边没际，为追求效果手舞足蹈、脱离自己的平常个性，也会让人反感，人家会觉得你虚伪浮躁，不够稳重，这会严重影响你的个人形象。

2. 把握分寸，适度幽默

培养起一定的幽默感并不很难，但是要做到能够恰当地把握好幽默的尺度，并不是一件容易的事情。过分的幽默往往会使人产生古怪的感觉，尤其面对刚开始交往的人，滔滔不绝，笑话连篇，表现出很风趣、很有才华的样子，只会让人反感，给人油嘴滑舌、轻佻虚伪、喜好卖弄自己的印象。

凡事均要讲适度，幽默亦如此。在生活中，适时适地运用幽默，才能使相互之间的关系更加和谐、亲密。这在那些旨在纠正他人的幽默技巧中表现得更为明显。这里就幽默的使用提出三个忠告。

首先，幽默勿以讥刺他人为乐事。

苛刻的幽默很容易陷入残忍，使他人受到伤害、陷于焦虑之中。通常，讥讽、攻击、责怪他人的幽默，也能引人发笑，但是它却常常造成意想不到的后果，使本应欢乐的场面变得十分难堪。

一位中学教师到某地出差时，拎了一兜香蕉去看望一个多年未见、新近升为副处长的老同学。老同学心宽体胖，雍容富态，开门见是同窗好友，一边让进屋，一边指着他手中的提兜戏谑道："你何时落魄到走门子了？本处长清正廉明，拒绝歪风邪气腐蚀贿赂。"一句讥讽的调侃，使教师自尊心受了伤，他顿生反感，扭头就走了。

显而易见，幽默既不等同于一般的嘲笑、讥讽，也不是为笑而笑，或轻佻造作地贫嘴耍滑。幽默是修养的体现，它与中伤截然不同。幽默笑谈是美德，恶语中伤是丑行。真正好的幽默是真情实感的自然流露，是严肃和趣味间的平衡，它以一种古怪的方式被激发出来，却经常表现出心灵的慷慨仁慈。

带有嘲讽意味的幽默极易冒攻击他人的危险，而有所斩获的机会又很小。

由于讥讽幽默的严重负面效应，我们在使用幽默对别人进行批评时就要进行严格的推敲，以免使接受者产生被嘲笑、被捉弄的感觉。

其次，恶作剧有时可以产生幽默效果，但使用时要注意分寸。

恶作剧在乍见之下，似乎并不是什么十恶不赦的事，但只要

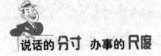

分析其潜在行为，就可以发现其中包含着憎恶及攻击性的心理，有时回想自己所做过的恶作剧难免冷汗直流。例如：

> 有一次，一个男的在某位女同事的抽屉内悄悄地放进避孕器具。或许他只是想开开玩笑，但深刻剖析他的潜意识行为却诠释出他有"强奸意欲"倾向。

> 还有一次，他在公司内一位稍过适婚年龄的女同事所坐的椅背上贴了一张小学生常用的贴纸，上头写了这么一行字："有空间"。这个恶作剧确实是太过分了。他并没有想到对方的心理上可能受到多大的伤害，而且以潜意识心理学的观点来看，他本人内心潜在的强烈欲望是"想"进入那"空间"里面。

过火的恶作剧很伤人。所以，恶作剧一定要限于天真无邪的玩笑才行，也只有如此才不会伤害到他人的自尊。善意的恶作剧，幽默情趣很浓，自然能给平淡的生活带来一点乐趣，让人开心；但捉弄人的、不怀好意的恶作剧，不但令人生厌，而且影响人际关系。

好莱坞有一批专爱捉弄人的演员，开起玩笑来无所顾忌，令人瞠目结舌。时常有人用装有火药的雪茄请朋友抽，吓得对方魂飞魄散，这样的恶作剧虽然能让他们在紧张繁乱的工作中解脱出来，放肆地大笑一场，却使被戏弄的对象身处危险之中。

笑有愉悦功能，也有惩罚功能。嘲讽的笑是典型的惩罚的笑，而恶作剧的笑正是惩罚的笑的一种形态。用弗洛伊德的话来说，恶作剧就是平时压抑的情感与欲望得到了发泄。

最后，幽默可能会产生良好的效果，但前提是要把握好幽默的度。

一句幽默的妙语可以为沟通带来契机和轻松的气氛，但是毫无节制的妙语、笑语、警句、讽喻，却只能阻塞沟通。因为"幽默轰炸"通常都会导致思维紧张，使别人不知如何是好。试问有谁能不间断地承受强烈的幽默呢？

幽默其实是一柄双刃剑，在我们运用时机、地点乃至言辞不当时，都可能伤害对方的自尊与情感。如果幽默不能为人酿出欢娱，却强加给人怨愤、痛苦，这是令人遗憾惋惜的事情。我们应该学会避开幽默的禁区。

幽默的社会心理价值并不意味着它的普遍随意性，幽默的文化功用也未说明它具备万能的效应。这是一朵带刺的玫瑰，是一片风光旖旎的雷区，任何轻率、莽撞的行为都将饱尝苦果，终将从潇洒轻松走向它的反面。

3. 对不同的幽默对象用不同的话题

曾经不止一位幽默理论家这样告诫我们：观察对方的个性、好恶和心情，乃是成功施展幽默的窍门。的确，俗语说："一种米养百样人"，社会每个成员的性格、心理、教养都不尽相同，意趣更为千差万别，假如你对你施展幽默的对象的个性不够了解，那么你苦心经营的幽默必会毫无意义。

因此，在社会交际中，要视对象的不同，区别对待才能收到好的效果。比如一些关于盲人的幽默，对于真正的盲人就不适宜了。在社交生活中，我们应根据具体的环境、对象和氛围，采用

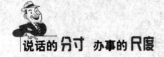

适当的形式来表达出恰当的幽默。

> 在图书馆门口，一位男士开门让一位女士进来。
>
> "如果你因为我是女的，所以开门让我进来，那就算了吧！"她说。
>
> "不，夫人，"他回答，"我为您开门，是出于尊重你是个长者。"

所谓顾及听众，当然不是一种姿态、一种态度，而是幽默作为交际的艺术天经地义必须具备的前提条件。

幽默的群体性和共娱性特征是十分明显的。又由于群体是由个人构成的，因此能够娱乐甲的一句话，可能在乙听来是侮辱。如果你忽视了这一点，一味地强调自我的兴致和偏爱，丝毫不顾及在场的人，那么，你的幽默将黯然无光。有关种族的幽默是最微妙、最难处理的。当你和一群人都流着同一祖先的血液时，说说种族的幽默可能会减轻每个人心头的负担；但当一群人分别来自不同的种族时，使用涉及种族的幽默则会有很大的危险。

注意对象、了解对象，才容易找到合适的幽默话题；符合对方的心理需要，才能真正达到沟通的目的。分而治之，是现代幽默的最为完美的战术。

最后要说的是，一个真正的幽默家首先要愿意接受他人的信息。当他人幽默地发表意见时，你有义务报以微笑，而不是冷言冷语来泼他一头冷水。因为，幽默并非某一个人的特权，它是整个社会的财富。笑具有传染性，为他人捧场，你的合作态度会得到由衷的感谢，只要气氛活跃了，该你施展幽默时，也会一路绿灯。

4. 爱情中的幽默要注意分寸

如果我们足够幽默，足够风趣，我们就很可能让恋人陶醉在爱河之中。不过，对初相识的情人说来则要慎用幽默，因为，根据爱情心理学，此时女性最迫切需要的是男性的力感，因此，男性朋友若初交女友，要注意把握幽默的分寸，只有"力感"的晕轮效应达到一定程度，双方关系足够密切后，再适当地使用幽默来增强美感，才能取得较好的效果。例如：

一对恋人相爱很长时间，感情很深了。有一次，他们一同看话剧，第二幕还未开幕，男孩便一本正经地对女友说："别看了，咱们哪有时间等这么久。"女友感到很疑惑地说："精彩的还在后面，咱们又没有什么急事啊！"男的指着字幕说："你看，那不是说第二幕在一年之后才演？"女友笑得前仰后合，轻轻捶打男孩。

但是，如果男女相识不久，第一次约会，看戏的时候，也来这么一个幽默，对方一定以为那个男孩精神不正常，或者认为他太幼稚做作了。

一对情人去买兔皮大衣，女方很喜欢那件黑色兔皮大衣，但担心它不适合雨雪天穿着，就问男友："它怕雨雪吗？"男的幽默回答："当然不怕，你看过哪个兔子下雨打

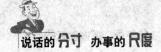

伞？"一下子就把女方和售货员都逗笑了。售货员直对女孩夸他的男朋友聪明风趣，女孩感觉脸上很有面子，对男孩的感情更深了。

可是，若是男孩刚认识女方，这么一幽默，惹得大家都笑，她就可能会误以为男子不够稳重、成熟，即使售货员一直夸奖男孩，她也会在内心里更加慎重考虑了。

处于热恋中的恋人，也不可忘了不时利用幽默来给爱情加温。这时来点幽默，更能创造出轻松愉快、富于情趣的爱情生活。只要你挑动神经中的幽默这根弦，即可与你的恋人奏出一曲和谐的恋曲。

一次，一个小伙子从背后捂住了正在公园长椅上等他的恋人的眼睛，道："只允许你猜三次，若猜不中我是谁，我就吻你一下。"

你猜女孩怎么猜的？

她张口喊道："你是——张学友？梁朝伟？金城武？"

当然，在这方面的幽默故事还有很多：

数学家同女友在公园散步。女友问他："我满脸雀斑，你真的不介意？"数学家温柔地说："绝不！我生来最爱和小数点打交道。"

然而，人生风云难测，爱情也不会一帆风顺。恋人情侣间也难免会有磕磕绊绊的时候，此时达观一些，逗逗乐子，干戈便可化为玉帛。

　　有一位历史学硕士生，在热恋之际，仍手不释卷地用功读书。

　　女友不满地说道："但愿我也能变成一本书。"

　　硕士疑惑不解地问："为什么？"

　　"那样你就会没日没夜地把我捧在手上了。"女友说。

　　看到她满脸不快，硕士打趣地说："那可不行，要知道，我每看完一本书就要换新的……"女友急了："那我就变成你书桌上的古汉语词典！"

　　说完，她自己也不禁扑哧笑了。

　　我国宋代文人秦少游（秦观）和苏小妹有不少作诗联对的趣事，也可以作为幽默谈情的好例子。

　　洞房花烛夜，苏小妹故意刁难秦少游，出上联"推门拥出天上月"，把才子秦观难住了。幸而苏东坡急中生智，以石块投入池中，秦观"顿悟"马上接下联"投石冲开水底天"。

　　这种技巧型的机智幽默耐人寻味。恋爱到了一定的火候，两个人一般是要结婚的。在洞房花烛的时候，幽默一下，给爱情生活做一个愉快的总结，给婚姻生活来一个意味深长的开头，给幸福生活留下永不磨灭的记忆。

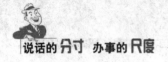
5. 商场上的幽默，尺度很重要

　　商场就像战场，在强手林立、竞争激烈的生意场上，如何赢得顾客，使生意越做越大，这里面很有文章。发挥机智、巧用幽默是很多推销员的秘密武器，它能帮推销员赢得顾客的信服，让自己马到功成、生意兴隆。但是，在运用幽默的时候，一定要把握好尺度，否则，运用不当或过犹不及，都会影响你在生意场上的成败。

　　在商场上运用幽默时，我们首先要考虑幽默的适用性。因为在某些特定的场合是不适合幽默的，如严肃的会议上、庄重的活动中等。这时候，如果你完全不考虑场合，讲些自以为是的幽默话，与现场的气氛不搭调，那旁人只会对你的言行不屑一顾，甚至还会对你产生反感。相反，如果我们留心观察，在适宜的场合开适合的玩笑，不仅能愉悦对方，还能为你在对方心目中的印象加分。

　　在生意场上，我们不仅要选择正确的幽默场合，还要选择正确的幽默对象。如果我们在适当的时机对一个懂得幽默的人开玩笑，就能使双方在愉快的氛围中进行合作。

　　在商店的橱窗前，有一位秃顶的先生漫无目的地闲逛。有个店员向他打招呼，对他说："先生，买顶游泳帽吧，好保护您的头发。"

　　这位顾客说："真是笑话！我这几根头发不用数都清

楚，保护个啥？"

店员说："可戴上游泳帽，别人就没有机会数您的头发了。"

顾客笑了，想想这话确实在理，就买了一顶。

顾客之所以会产生从不买到买的转变，就是因为店员掌握了顾客心理、巧用幽默语言。可见，在生意场中，如果我们能将幽默用于对的人，那么，就能促使客户果断下单。

真正好的幽默是真情实感的自然流露，是严肃和趣味间的平衡。当我们运用幽默的时机、地点乃至言辞不当时，都可能伤害别人的自尊与情感。所以，在运用幽默的时候，我们一定要慎用言辞，不要伤及别人的自尊和情感，这会让场面变得十分难堪。

某酒店的服务员张飞是一个大大咧咧的人，平时不太注重个人形象，尤其不爱刮胡子，总是显得邋里邋遢。为此，张飞多次被主管点名批评，但他太懒了，积习难改。

这天，主管找张飞谈话，劈头就问："小张，你知道你身上最锋利的是什么呀？"

张飞愣了一下，掏出钥匙说："应该是这把水果吧。"

主管摇了摇头，说："我看是你的胡子。"

张飞不解地追问："为什么？"

主管耸耸肩，回答道："你这么厚的脸皮都能穿透，它的穿透力自然特别强。"

等张飞反应过来后，他的脸顿时变得通红。

由于该主管在开玩笑时欠缺分寸，结果不但没有劝说成功，

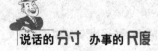

反而使张飞的自尊心受了伤害，影响了两人之间的感情。鉴于此，我们在使用幽默时要进行严格的推敲，要有所节制，把握好分寸，尽量避免嘲讽和挖苦。

这里还需要注意的是，如今，随着人们思想观念的不断开放，现在很多人似乎对黄色笑话特感兴趣。如果说，黄色笑话作为一种特殊的语言幽默，可给人们带来笑声，让人们体味到另一种生活的话，我们无可厚非。但是，在讲笑话的时候，一定要注意时间场合，多说些健康的或者具有哲理意义的话，摒弃那些庸俗、肉麻的话题。只有恰如其分的幽默，才能让大家笑得开心。

孟子曾经说："爱人者，人恒爱之；敬人者，人恒敬之。"幽默的过程也是一个感情交流传递的过程，如果想借幽默来达到对别人冷嘲热讽、发泄内心厌恶和不满情绪的目的，那么这种玩笑就不能叫作幽默。尤其在对手如林、竞争激烈的商场上，我们在运用幽默时，一定要细心观察、谨言慎行，否则，稍不留神，就会被踢出局。

6. 职业不同，幽默的特色不同

不同的职业有不同的幽默。不同的职业所接触的对象也各不相同，教师的职业对象是学生，医生的职业对象是病人，汽车售票员的职业对象是乘客，售货员、浴室服务员、小摊主的职业对象是不同的顾客……职业的性质和对象，决定了幽默的特色和分量。

　　教师与学生之间的幽默，比较随意。一个教师在给学生发补助的那天（20号）向学生们神秘地说："告诉大家个特大喜讯——今天发补助。"其实大家都知道20号发补助，但这"特大喜讯"颇吸引人。

　　上面这位教师的幽默带有明显的职业色彩，他使用了语言上大词小用的夸张手法。

　　医生也可说些幽默，特别是对那些很麻烦的病人。

　　一天半夜三点钟，有人打电话给医生，他说："我实在不愿打扰您，但是我患了严重的失眠症。"

　　"你想怎么样？"医生问，"要传染给别人吗？"

　　上面这位医生的幽默也带有明显的职业色彩，他使用了"传染"这个医学专门用语。

　　公共汽车售票员每天都会遇到各种各样的人和难题，他们的应对温和而周到。

　　雨天，一位妇女牵着一条腿上沾满污泥的狗上公共汽车，坐下后对售票员说："喂，如果我给这条狗买一张票的话，它是否也能和其他乘客一样，有个座位？"售票员打量了一下那只狗说："当然行，太太。不过它也必须和其他乘客一样，不要把脚放在椅子上。"

　　售票员幽默委婉地拒绝了乘客的无理要求。

　　对于一个商场售货员来说，运用幽默力量来细腻地处理微妙

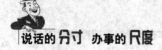

的事情，能够销售出更多的东西。

　　有一位很活泼的售货员在介绍电动剃须刀时说："三月内马达不动了来找我——没电池可不行。"他又夸这电动剃须刀是"男女老少必备用品——不，女同志及婴儿暂时不用。"他要教人使用时说："胡子少的人每天一次，每次一片；胡子多的人每天两次，每次两片，白开水送服。"

　　售货员一会说起马达，一会又教人吃药片，他使用的是在销售中培养起来的有意错置的荒唐的幽默手法。

　　下面这个浴室服务员为了将棘手的工作和问题适当表达出来，就运用了幽默力量。

　　济南一家浴室有位服务员很幽默，每逢周末人多，他就大喊："星期礼拜，团结友爱，互相照顾，动作要快。"他有时说："洗完的朋友快穿衣服了，外面有人在卖便宜货。"

　　上面故事中的服务员用了顺口溜，还使用了夸张手法，这都是与他的职业类别相符的。商业幽默也很重要，它能拉近卖者与顾客的关系。

　　在一个菜市场里有个幽默的小伙子，他专卖鲜肉，摊子不大，顾客却很多，原因是他很讨顾客喜欢。他看到中老年顾客，就假装没看清："您好，年轻人，吃点什么？来点小牛肉吧，又嫩又香，吃了小牛肉年轻人特别健壮。"

老年人被称为"年轻人"当然开心，何况还有他那巧妙的商品介绍，当然生意好。

小摊小贩要主动和顾客搞好关系，拉近距离，尽量不要说顾客"老"也是成功的秘诀之一。

工人干的是体力活，往往很累。因此，在很多人一起干活的时候，难免会有人偷懒，这时候幽默的批评也就派上了用场。

> 哥俩在同一个工厂工作，经常在一起干活。
>
> 哥哥说："都说一个监工能顶两个人干活。今天我当监工，你干活，咱俩能顶三个人。"
>
> 弟弟说："咱俩都当监工吧，两个监工能顶四个人呢。"

职业的幽默无特定模式，只能根据不同职业、不同对象、不同境遇，随机而发，但必须以"爱"为出发点。

社会的需求是多方面的，工作的种类也是五花八门的。不管你从事什么样的工作，都请用轻松愉悦的态度去面对挑战。记住：即使在工作中，也不妨幽默一下！

第六章

说话有分寸，
办事懂尺度

说话有说话的分寸，交际有交际的尺度。
只要掌握了说话的分寸与交际的尺度，无论是
说起话来，还是办起事来，都能拿捏准确、游
刃有余。

1. 嘴要有把门的，不该说的话不能说

生活中有些人快人快语，有啥说啥，话无禁忌，不知道什么该说什么不该说。如果是在一个熟悉的环境里，大家都知道你的个性可能无所谓。但是，要是在陌生环境中，和你不熟悉的人想说什么就说什么，不分场合、不分对象是绝对不可以。

那么，在我们每天都要和同事、领导交流，就一要定掌握说话办事的艺术，什么话能说或不能说，什么事能做或不能做要心中有数。有时候，吃亏就是因为说了不该说的话，做了不该办的事。

邱先生在一家知名外企做事。有一次，项目经理告诉他，要给单位做一个宣传案的策划，经过大家讨论后，邱先生完全按照项目经理的意思加班加点，顺利完成策划。但是，当策划案交到单位该项目主管领导那里，邱先生却被狠批一通。

在领导面前，邱先生说，这方案是他们小组所有人讨论的结果，而且，他们项目经理也非常赞同，这个策划案60%都是项目经理的想法。可没想到领导直接把项目经理叫来，

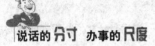

当面对质。主管领导追问项目经理："听说这都是你想的？就这种东西还能叫方案，还值得你们那么多人来集体策划？我看你这个项目经理还是不要当了。"

从主管领导的办公室出来后，邱先生又被项目经理狠批了一顿。项目经理告诫他，以后说话前动点脑子，别一五一十把什么都说出去。

可见有些话真不该说，正所谓话到嘴边留三分，揭人短的老实话更是万万不能轻易出口。

张小姐在某国家机关做办公室文员，她性格内向，不太爱说话。可每当就某件事情征求她的意见时，她说出来的话总是很伤人，而且她的话总是在揭别人的"短处"。有一次，同一部门的同事穿了件新衣服，别人都称赞漂亮、合适，可当人家问张小姐感觉如何时，她便毫不犹豫地回答说："你身材太胖，不适合。这颜色对于你这个年纪的人显得太嫩，根本不合适。"

这话一出口，原本兴致勃勃的同事表情马上就僵住了，而周围大赞衣服好的人也很尴尬。因为，张小姐说的话就是大家都不愿说的得罪人的"老实话"。虽然有时她也很为自己说出的话不招人喜欢而后悔，但她总是忍不住说些让人接受不了的实话。久而久之，同事们把她排除在集体之外，很少就某件事儿再去征求她的意见。她也成了这个办公室的"外人"。

有些人不懂得说话时掌握分寸，"快人快语"在人际交往中容易得罪他人，会让其在人际关系上屡遭挫折。

王先生得了绝症，本人并不知情，亲人到处求医问药为他治疗，效果不错，病人的精神状态也很好。一日，王先生的朋友李先生来看望王先生，李先生大大咧咧问病情有什么进展，并且说，这种病是80%没有希望的。王先生受不住这突来的刺激，病情急剧恶化，最后不幸身亡。家属对李先生强烈指责，从此断了来往。

千万要记住，不要以心直口快作为挡箭牌，心口一致固然好，但要留个把门的，该直则直，该婉则婉。即使需要直接对别人提出批评时，也应讲究方式方法，让对方理解你真是为他好，从而引起他发自内心的自我批评，才会起到批评的效果。

一天中午，查尔斯·施瓦布路过炼钢车间，发现几个工人在抽烟，而就在他们的头上，挂着一块写有"禁止吸烟"字样的牌子。这位老板怎么教训他的伙计们呢？痛斥一顿吗？拍着牌子说："你们不识字吗？"不，都不是。老板深

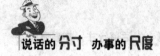

谙批评之道，他走到这些人跟前，递给每人一支雪茄，说：
"年轻人，如果你们愿意到别处去吸烟，我将非常感谢。"
胆战心惊的工人们心里有数，头儿知道他们坏了规矩，但他
什么也没有说，相反送给每人一支雪茄。他们感到了自己的
重要，保住了面子，也因此而更加敬重自己的上司。这样的
头儿谁会不喜欢呢？

同样，如果在谈话时能够机敏行事，则会带来意想不到的
效果。

相传，古时某布政使请按察使喝酒。席间，布政使因自
己的儿子太多而表示忧虑。按察使只有一个儿子，又为儿子
太少而发愁。一案吏在旁边说："子好不须多。"布政使听
了这话，于是说："我的儿子多，又怎么办呢？"那位案吏
回答说："子好不愁多。"二人皆大欢喜，大加赞赏，一起
举杯痛饮。

所以，一个心理成熟、懂得社交技巧的人应该知道在什么
时候该以怎样的方式说话办事。实话不一定要直说，可以幽默地
说、婉转地说或者延迟点说、私下交流而不是当众说……同样是
说实话，用不同的方式说，效果会有很大的不同。

2. 滔滔不绝并不是真正的口才

说话是一种交流和沟通，是人们相互交流、交往的需要，但要针对实情，服从需要，做到心里有谱、思考成熟、权衡利弊以后再说。

很多时候，我们总能看到一些高谈阔论的人，他们总是炫耀自己的才能多么出众，如果能按他们说的计划行事，必然能成就一番大事。这些人滔滔不绝，在自己空想的领域里如痴如醉。然而，在旁人看来，那是多么的可笑和愚蠢啊。

罗马执政官马西努斯围攻希腊城镇帕伽米斯的时候，由于城高墙厚，士兵们死伤惨重却仍然未能攻占这座城镇。最后，马西努斯发现城门是最薄弱的环节，于是打算集中兵力猛攻城门，但要攻打城门就必须要用到撞墙槌，当时军中并没有这种器械。马西努斯想起几天前他曾在雅典船坞里看过两支沉甸甸的船桅，就马上下令把其中较长的一支立刻送来。

然而，传令兵去了多时，桅杆仍未送达。原来是军械师与传令兵发生了争执。军械师认为短的那根桅杆才能真正发挥作用，不但攻城效果比长的那根要好，而且运送起来也方

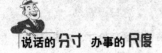

便，他甚至花了不少时间画了一幅又一幅图来证明自己的专业，而传令兵则坚持执行命令，既然上司要长的桅杆，他的任务就是把长桅杆送到上司面前。

面对军械师喋喋不休的说辞，传令兵不得不警告他，领袖的命令是不容争辩的。他们了解领袖的脾气，军械师终于被说服了，他选择了服从命令。在士兵离开以后，军械师越想越觉得自己的想法是正确的，他觉得服从一道将导致失败的命令是毫无意义的，于是，他竟然违抗命令送去了较短的船桅。他甚至幻想着这根短桅杆在战场上发挥功效，使领袖在取得胜利后会赏赐他许多战利品以赞扬他的高明。

马西努斯见送来的是那根短的桅杆很生气，马上召来传令兵，要他对情况做出合理的解释。传令兵忙向他汇报说，军械师如何费时费力地与他争辩，后来还承诺要送来较长的桅杆。马西努斯对这名军械师的自以为是深感震怒，于是，他下令，马上把这名军械师带到他面前来。

又过了几天军械师才到达，他没有察觉到领袖的震怒，反而为能够亲自向领袖阐述自己的正确理论而洋洋得意。他仍然以专家自居，滔滔不绝地说了许多专业术语，并表示在这些事务上专家的意见才是明智的。马西努斯见军械师完全没意识到自己的问题，十分生气，立刻叫人剥光他的衣服，用棍子活活地将他打死。

这名军械师可能死后也不会搞懂自己错在什么地方，

他设计了一辈子的桅杆和柱子，还被推崇为这方面最好的技师，凭他的经验，他认为自己是对的，因为较短的撞墙槌速度快、力道强，更适合攻城。他永远也没办法想通，在他费尽口舌向统帅解释了大半天，为什么统帅仍然坚持认为他无知呢？

在现实生活中随处可见像军械师这样的好辩者。他们不了解言词从来都不是中立的，或多或少总带点偏向性。有些人是天生的辩论狂，太过于争强好胜了，不管该不该说，也不考虑后果如何，只要想说就说，这种人会被形容成是"漏斗嘴"。

老李的儿子在今年的高考中取得了640分的好成绩。老李十分高兴，就把这个喜讯在办公室里公布出来，没想到老张抢先接过话头说："640分，也就一般吧。听说今年清华大学的分数线够高的，你们家儿子报清华可够呛！"老李听到老张的话，脸色一下子就由晴转阴了。正在这个十分尴尬的时候，办公室的小黄说："今年能考640分，真了不起！我有个朋友，他孩子今年也高考，才考了560多分。您儿子真棒！等上了清华，我们都去您家贺喜！"紧接着，办公室的同事你一言我一语地说了起来，老李被这种真诚的祝贺声包围着，沉浸在喜悦之中。

而老张则被众人冷落在一旁，插不上话。

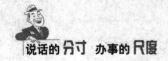

很多人都相信自己才是真理的拥有者，为此，他们常常争论不休，但他们却不知道，言辞是很苍白无力的，它很少能说服他人改变立场，就算是口若悬河的诡辩家也挽救不了自己汲汲可危的观点的命运。所以说，逞口舌之利是毫无意义的，不但不能改变别人的看法，反而把自己逼上绝路。一个明智的人应该学会以间接的方式证明自己想法的正确性。

3. 用巧妙的方式说"不"

学会拒绝是生活中最应具备的基本功之一。唯有恰当地拒绝一些不必要的干扰，才能集中精力，完成更为重要的事情。

说"不"是每个人的权利，就像我们要生存一样。当然，拒绝别人也不是件容易的事情。正如一位学者所说："求人办事固然是一件难事，而当别人求你办事，你又不得不拒绝的时候，也是叫人万分头痛的。因为每个人都希望得到别人的重视，同时又不希望给别人带来不愉快，所以也就很难说出拒绝别人的话。"

当我们想拒绝别人时，心里总是想："不，不行，不能这样做，不能答应！"可是，嘴上却含糊不清地说："这个……好吧……可是……"有时还会习惯性地认为，拒绝别人的要求是一种不良的习惯。

因此，在很多时候，还没来得及听清别人的要求是什么就心不在焉地答应了，常把自己推入两难的境地。因此我们要把握自己的语言，学会适当地拒绝别人。但是过于直率地拒绝每一个请求，永远说"不"，很容易得罪人，这就需要我们掌握拒绝的技巧。

（1）时刻准备好说"不"

那些在别人不论提出多不合理的要求时都很难说"不"的人，通常是由于以下几种原因造成的。

首先对自己的判断力缺乏自信，不知道什么是应该做的，什么是别人不该期望自己做的。

其次渴望讨别人喜欢，担心拒绝别人的请求会让人把自己看扁了。对自己能负起多少责任也认识不清。

最后是自卑作怪，总觉得别人能控制自己，威胁到自己。

然而，不论出于何种理由，这些不敢说"不"的人通常受感情支配。不管过去的经历如何，他们从未在别人向他们提出要求时有一个准备好的答复。

（2）用沉默表示拒绝

当别人问："你喜欢某某吗？"你若心里不喜欢，可以不表态，或者一笑置之，别人即会明白。一位不大熟识的朋友邀请你参加晚会，送来请帖，你可以不予回复。它本身说明，你不愿参加这样的活动。

（3）用拖延表示你的拒绝

一位好友想和你约会，在电话里问你："今天晚上去看

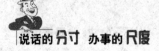

电影，好吗？"你可以回答："明天再约吧，到时候我给你去电话。"

一位客人请求服务员替他换个房间，服务员可以说："对不起，这得值班经理决定，他现在不在。"

夫妻二人逛街，妻子看到一件漂亮的连衣裙，很想买。丈夫可以拍拍衣袋："糟糕，我忘了带钱包。"

有人想找你谈话，你看看表："对不起，我还要参加一个会，改天行吗？"

（4）用回避表示拒绝

你和朋友去看了一部无聊的喜剧，出影院后，朋友问"这部片子怎么样？"你可以回答："我更喜欢抒情一点的片子。"

你觉得你发烧了，但不想告诉朋友，朋友关心地问："你量量体温吧？"你说："不要紧，今天天气不太好。"

（5）选择其他话题说出"不"

当别人向你提出某种要求时，往往会通过迂回婉转的方式，绕个大弯子再说出原意，如果你在对方谈到一半时就知道了意图，并清楚自己不能满足对方的愿望时，你不妨把话题岔开，说些别的，让对方知道这样做只会让你为难，对方也就会知难而退了。

（6）用反诘表示你的意见

你和别人一起谈论物价问题。当对方问："你是否认为物价增长过快？"你可以回答："那么你认为增长太慢了吗？"

你的朋友问："你喜欢我吗？"你可以回答："你觉得我不喜欢你吗？"

（7）友好地说"不"

你想对别人的意见表示不同意时，要注意把对意见的态度和对人的态度区分开来，对意见要坚决拒绝，对人则要热情友好。

　　一位作家想同某教授交个朋友。作家对教授热情地说："今晚我请你共进晚餐，你愿意吗？"不巧教授正忙于准备学术报告会的讲稿，实在抽不出时间。于是，他亲热地笑了笑，带着歉意说："对你的邀请，我感到非常荣幸，可是我正忙于准备讲稿，实在无法脱身，十分抱歉！"

（8）以别的原因说"不"

当一个你并不喜欢的人邀请你吃饭或游玩时，你可以有礼貌地说："我老妈叫我和她一起去看姥姥呢！"这种说法隐藏了个人的意愿，而用其他原因找借口，缓和了对方的失望和难堪。

（9）用搪塞辞令拒绝

外交官们在遇到他们不想回答或不愿回答的问题时，总是用一句话来搪塞："无可奉告。"生活中，当我们暂时无法给出具体的回答时，也可用这句话。还有一些搪塞的话，等同于拒绝对方，"天知道""事实会告诉你的"等。

学会委婉地拒绝、恰当地说"不"并不是一件难事。只要理

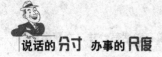

解了上面的几种方法，用最理想的方式表达自己的否定态度，并把这一沟通方式融入你的实际生活中，一定会对你的人际交往有所帮助。

说话要讲究语言的艺术，而拒绝恰恰体现出语言艺术较高的境界。拒绝既要有力度又要不伤人，是很难把握的，因此说"不"的时候，意思一定要明确，以防产生误解，且说话的方式要机灵一些，点透即可。

4. 到什么山上唱什么歌

言为心声，说话的好坏，主要取决于说话者的思想水平、文化修养、道德情操，同样一种意思，从不同人嘴里说出来，效果可能就会不同。

《世说新语》记载了这么一则故事：

许允担任吏部侍郎时大都任用他的同乡，魏明帝曹睿听说后，就派虎贲武士去拘捕他。他妻子跟随出来告诫他说："明主可以理夺，难以情求。"意思是让他向皇帝申明道理，而不要寄希望于哀情求饶。带到后，明帝核查审问他，许允回答说："孔子说'举尔所知'，我的同乡，就是我所了解的人。陛下可以考察他们是称职还是不称职，如果不称职，我愿意接受应有的罪名。"考察以后，结果各个职位都安排了合适的人，于是才释放了他。看到许允身上衣服破烂，明帝还下令赏赐他新衣服。

许允提拔同乡，是根据魏国的荐举制度。不管此举妥不妥当，它都合乎皇帝认可的"理"。许允的妻子深知跟皇帝打交道，难于求情，却可以理争，于是叮嘱许允以"举尔所知"和人称职之"理"，来消除提拔同乡、结党营私之嫌。这不能不说许允是一个善于根据对象的身份来选择说话内容的有"心"之人呀！

良好的谈吐可以助人成功，蹩脚的谈吐则令人障碍重重。日常生活中，我们身边的人多种多样，有人口若悬河，有人期期艾艾、不知所云，有人谈吐隽永，有人语言干瘪、意兴阑珊，有人唇枪舌剑……人们的口才有好坏之分，说话的效果也天差地别。因此，要想成为说话高手，达到"到什么山上唱什么歌"的境界，就要把握其中的奥秘。

有一则笑话，说的是某人擅长奉承。一日请客，客人到齐后，他挨个问人家是怎么来的。第一位说是坐出租车来的，他大拇指一竖："潇洒！潇洒！"第二位是个领导，说是亲自开车来的，他惊叹道："时髦，时髦！"第三位不好意思地说是骑自行车来的，他拍着人家的肩头连声称赞："廉洁，廉洁！"第四位没权也没势，自行车也丢了，说是走着来的，他也面露羡慕："健康，健康！"第五位见他捧技高超，想难一难他，说是爬着来的，他击掌叫好："稳当，稳当！"看到这里，你也许会捧腹大笑，但细思之下，定能悟出说话的奥妙之所在。

见什么人说什么话，意即当你在和对方交谈时，尽量使用对方认同的语言，谈论对方熟悉和关心的话题，并且也要视当下的具体情况灵活应变，迎合对方心理的同时，赢得对方的好感；唯有赢得对方的好感，才有可能得到你想获得的东西。因此，说话是人的一种能力、一种本事、一种功夫，也是一门学问。但凡学问都有基本原理，说话这门学问也不例外。

古语云："凡事预则立，不预则废"。所以说话前，有必要仔细地考虑：你要对谁讲？将要讲什么？为什么要讲这些内容？怎么讲法？这么讲有什么有利因素和不利因素，怎样处理？

刘墉是乾隆时期的宰相，他能力强、有原则，沟通起来机灵得很，让乾隆皇帝不宠爱他都不行。

有一回刘墉陪乾隆皇帝聊天，乾隆很感慨地说："唉！时光过得真快，就快成老人家喽！"

刘墉看看皇帝一脸的感伤，于是说："皇上您还年轻哩！"

"我今年45岁，属马的，不年轻啦！"乾隆摇摇头，接着看了一眼刘墉问："你今年多大岁数啦？"

刘墉毕恭毕敬地回答："回皇上，我今年45岁，是属驴的。"

乾隆听了觉得很奇怪，于是就问："我45岁属马，你45岁怎么会属驴呢？"

"回皇上，皇上属了马，为臣怎敢也属马呢？只好属驴喽！"刘墉似笑非笑地回答。

"好个伶牙俐齿的刘罗锅！"皇上抚掌大笑，一脸的阴霾尽失。

见什么人说什么话，就是在告诉我们，谈话时要尽量使用对方认同的语言方式谈论对方熟悉和关心的话题，并且也要视当下的具体情况灵活应变，在迎合对方心理的同时，也赢得对方的好感。

5. 该说谎时要说谎

谎言，在人际交往中几乎是不可缺少的。有些人宣布自己从来不说谎，这句话本身就一定是谎言。任何一个人获悉亲戚病重或朋友遭难的事，对其家属也偶有说一些与实际情况完全不符的善意的谎言。在这个层面上讲，世界上没有不说谎的人。

因此，诚实要看什么时间、什么地点、面对什么人、讲述什么事情。俗话说："适当的谎言是权宜之计。"在某些场合还是有说谎的必要的，这种例子，随处可见。人与人相处是没有绝对诚实的，有时谎言和假象更能促进友情和爱情。

雨果的不朽名著《悲惨世界》里那个主人公冉阿让本是一个勤劳、正直、善良的人，但穷困潦倒，度日艰难。为了不让家人挨饿，迫于无奈，他偷了一个面包，被当场抓获，判定为"贼"，锒铛入狱。

出狱后，他找不到工作，饱受世俗的冷落与耻笑。从此他真的成了一个贼，顺手牵羊，偷鸡摸狗。警察一直都在追踪他，想方设法要拿到他犯罪的证据，把他再次送进监狱，他却一次又一次逃脱了。

在一个风雪交加的夜晚，他饥寒交迫，昏倒在路上，被一个好心的神父救起。神父把他带回教堂，但他却在神父睡着后，把神父房间里的所有银器席卷一空。因为他已认定自己是坏人，就应干坏事。不料，在逃跑途中，被警察逮个正着，这次可谓人赃俱获。

当警察押着冉阿让到教堂，让神父辨认失窃物品时，冉阿让绝望地想："完了，这一辈子只能在监狱里度过了！"谁知神父却温和地对警察说："这些银器是我送给他的。他走得太急，还有一件更名贵的银烛台忘了拿，我这就去取来！"

　　冉阿让的心灵受到了巨大的震撼。警察走后，神父对冉阿让说："过去的就让它过去，重新开始吧！"

　　从此，冉阿让洗心革面，重新做人。他搬到一个新地方，努力工作，积极上进。后来，他成功了，毕生都在救济穷人，做了大量对社会有益的事情。

　　人生的道路不平坦，逆境常多于顺境。身处逆境、面对不幸，当事者不仅需要坚强，也迫切需要别人的劝慰。而此时及时送上真诚的安慰，偶尔的一句谎言或许能救助他人，如雪中送炭，给不幸者以温暖、光明和力量。例如，对身患绝症的病人，只能把病情如实告诉其家属，而对其本人，则应重病轻说。如果谎言唤起了他对生活的热爱，增强了他对病魔斗争的意志，就有可能使其生命延续，甚至战胜死神。

　　善良的谎言，其用意当然也是向善的，是为了减轻不幸者的精神痛苦，帮助其重振生活的勇气。即使此人以后明白了真相，也只会感激，不会埋怨。即使当时半信半疑，甚至明知是谎话，通情达理者仍会因此而感到温暖、宽慰。明知会加重对方的精神痛苦，但仍要实言相告，如不算坏话，也该算是蠢话。

　　美国作家欧·亨利的一篇小说讲了这样一个故事：

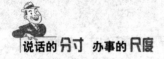

在某医院的一个病房里，身患重病的一个女病人房间外有一棵树，树叶被秋风一刮，一片一片地掉落下来，随着秋风萧瑟、凄风苦雨，病人身体也随之每况愈下，一天不如一天。她想：当树叶全部掉完时，我也就要死了。一位老画家得知此情况后，他用自己的画笔为树枝添画了三片叶子，这三片"绿叶"未随秋风离开树枝，让女病人对生命又燃起了希望，这位濒临死亡的女病人最终坚强地活了下来。

善意的谎言该怎么说，有三条规则。

（1）真实

当人无法表露自己的真实意图，只能选择一种模糊不清的语言来表达。例如一位女孩穿着新买的时装，问朋友是否漂亮，但朋友觉得实在难看时，就可以模糊回答说："还好。""还好"是一个什么概念？是不太好或是还可以？这就是谎言中的真实。它区别于违心的奉承和谄媚。

（2）合情合理

合情合理是谎言得以存在的重要前提，许多谎言明显与事实不符。但又合乎情理，因而也同样能反映出人们的善良、爱心和美好愿望。经常有这样的问题：妻子患了不治之症不久将要死去，丈夫极感纠结，他应该让妻子知道病情吗？大多数专家认为：丈夫不应该把事情的真相告诉妻子，也不应该向她流露痛苦的表情，增加她的负担，应该让妻子在生命的最后一刻轻松度过。当一位丈夫忍受着即将到来的永别时，他那与实情不符的安慰会带给妻子心灵的平静，因为在这里，谎言包含了无限艰难的克制。

（3）非说不可

这种谎言大多是出于礼仪。例如，当一个人身处大型活动中，但这人遇到了不愉快的事情，必须把悲伤和恼怒掩盖起来，带着笑意投入到欢乐的活动里。这种掩盖是为了礼仪的需要，怎能加以指责？

生活中离不开谎言，有些时候，我们不得不说谎，在一些非常的时刻，甚至只有说谎，事情的结果才会更加圆满。

例如，美国曾经就一项新法案征求意见，有关人员质问罗斯："你赞成那条新法案吗？"罗斯说："我的朋友中，有的赞成，有的反对。"工作人员追问罗斯："我问的是你。"罗斯说："我赞成我的朋友们"。

谎言终究是谎言，不值得我们去推崇。但善意的谎言有其善意的动机，有以维护他人利益为目的出发点。善意的谎言是一种处世的方式，是一种替人着想的行为。善意的谎言就像生活的润滑剂，在适当的时候说出来的谎言，饱含真诚和甜蜜，能让说谎者与被"骗"者共享和平。

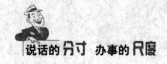

6. 商品要包装，说话也要包装

俗话说得好，"佛要金装，人要衣装"。商品要有新颖的包装才会吸引顾客，女人要有漂亮的衣裳才能更显现出她的美丽风姿。而说话也像商品和衣服一样，需要经过良好的包装，让人更易接受和信服。这就是包装的魅力。

（1）难以启口的话，要用机智与笑话包装起来

每个人在日常生活中都会遇到必须讲一些难以启口的话的时候。这种时候，如果直接说"实在很伤脑筋""很麻烦"，很可能引起对方的反感，或者让对方不快。如果把想说的话用机智的笑话来委婉传达，对方就会一笑置之，既不被伤害到，说的人心理也不会有很重的负担。

纪晓岚是众所皆知的机智才子，此外，他还是个绝佳的沟通高手。纪晓岚在小的时候就已经有非常了不起的语言才能了。有一次，他和几个孩子在路边玩球，一不小心，把球丢进了一个轿子里。

大家匆匆忙忙地跑过去一看，这可不得了！轿子里坐的竟然是县太爷，不仅如此，那颗皮球还不偏不倚地击中了他的乌纱帽！

"是谁家的孩子胆敢在这里撒野？"乌纱帽被天外飞来的球打歪的县太爷怒斥道。孩子们一哄而散，唯独纪晓岚挺着胸膛，走上前想讨回皮球。

纪晓岚恭敬地对县太爷说："大人政绩卓越，百姓生活安乐，所以小辈才能在这里玩球。"

县太爷一听，气马上消了一半，他笑着说："真是个小鬼灵精！这样吧，我出个上联给你对，要是你对得上，我就把球还给你。"

县太爷环顾了一下四周，说道："童子六七人，惟汝狡！"

纪晓岚眼睛一转，说出了下联："大爷二千石，独公……"

"独公什么？赶快说啊！"

"大人，如果把我的球还给我就是'独公廉'，要不然就是'独公……'"纪晓岚故意支支吾吾地不说下去。

县太爷看到这种情形，不由得哈哈大笑，他一边把皮球还给纪晓岚一边笑骂道："好小子，真有你的！我才不会中了你的圈套，成了'独公贪'！"

（2）警告别人时不要直接指出缺点，而要强调如果纠正过来会更好

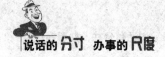

有位公司经理慨叹要纠正别人的错实在难，稍微提醒一下部属，部属不是置之不理，就是越变越坏。这位经理只是指出对方的缺点加以批评而已。他如果换一种方式，强调矫正过来会更好，那就会是另一种情况。

有位足球教练在纠正选手时，不说"不行""不对"而说"大致上不错，但如果再纠正一下……结果会更好"。他并非否定选手，而是先加以肯定再修正。也就是说先满足对方的自尊心，然后再把目标提高。如果只是纠正、警告的话，只会徒然引起选手的反感，不会有任何效果可言。

（3）传达坏消息时，要附加一句"令人无法相信"

传达坏消息，心情总是沉重的。所以，这种时候正需要好好思考如何表述，直接说"你有什么什么谣言"，前面加一句"虽然我不相信……"那么对方所受到的冲击就会轻很多。

有一位初中教师，他对成绩退步的学生说："实在难以置信，你考这样的分数。"如果老师能换一种方式说话，那位同学下次的成绩一定难以提高。倘若老师只传达了事实的话，效果便会差很多。但是，"令人难以置信"这句话显示出的则是对孩子的肯定与鼓励。

（4）不小心提到对方的缺点时，要再加上赞美的话想必每个人都曾有过不小心说话伤到对方或对对方不礼貌的情况。话一旦说出来就无法收回，当场气氛就不好了。这种情形大多数人会连忙辩解，或者换上温和一点的措辞，这实在不是好方法，因为对方认为你心里这么想才会出言不逊。这种时候不要去否定刚才说出来的话，可以若无其事地附带说，这就是你吸引我的地方，但是，你也有什么什么优点，所以表面上的缺点更显得有人性……人对别人说过的话总是对最后的结论印象最深刻，最后附加赞美的话，对方会认为结论是美好的，即使前面说过令人不愉快的话，也就不会计较了。

（5）假托第三者传达对对方的批评可以一石二鸟

某企业的经理说，他的公司有几位兼职的女职员的言谈很不高雅，甚至对他这个上司说起话来也像对待朋友一样随便。有一天，他告诉一个已经任职两三年的女职员："最近的年轻人说话有点随便，请你代我转告一下好吗？"结果却很令人意外。那几个兼职的女职员谈吐多少有所改善，而那个负责转告的女职员对自己的谈吐最为小心翼翼。恐怕是"最近的年轻人"这句话让那个女职员觉得自己也包括在内。

这个女职员的情形，连主管也意想不到。这也可以用作批评别人时的方法，也就是托诸"第三者"而不直接批评，如此一

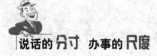

来，对方就会虚心接受而不太会产生反感。但是这种托诸"第三者"的批评，要掌握好尺度，不要太过明显，让人觉得像"指桑骂槐"就不好了，这一点应当多加注意。

虽说"良药苦口利于病，忠言逆耳利于行"，但在现实中，真正乐于听取逆耳忠言的寥寥无几。在人情关系学中，要注意尊重他人，即使是指责批评，也要加以包装和修饰，这样对方更容易接受。

舌头是一把双刃剑，它可以让我们成功，也同样可以让我们失败。所以，好好包装一下，把话说好，在生活中就无形多了一种资本。

7. "吹牛皮"对你没好处

法国哲学家罗西法古说："如果你要得到仇人，就表现得比你的朋友优越；如果你要得到朋友，就要让你的朋友表现得比你优越。"当朋友表现得比我们优越时，他们就会有一种得到肯定的感觉，但是当我们表现得比他们还优越时，他们就会产生一种自卑感，甚至对我们产生敌视情绪。

因为谁都在自觉不自觉地维护着自己的形象和尊严，如果有人过分地显示出高人一等的优越感，那么无形之中是对他自尊的一种挑战与轻视，同时外界投来的排斥乃至敌意也就应运而生。

人应该有自知之明，夸口、说大话、"吹牛皮"的人，常常是外强中干，其目的只不过是为了引起大家对他的关注，以满足自己的虚荣心。朋友、同事相处，贵在讲信用。自己不能办到的事情，胡乱吹嘘，会给人华而不实的印象。吹牛者在人际交往的圈子里终究会有无法立足之日。

成功的欢乐不亚于尝到幸福的果实，成功的希望牵扯着每颗跳动的心灵。可是，在追求成功的奋斗中，信心、自信固然是支柱，可有人却携带了自我吹嘘这颗毒瘤。

王先生在他刚到工作单位的那段日子里，在同事中几乎连一个朋友都没有。那时他正春风得意，对自己的机遇和才能非常自得。因此每天都极力吹嘘他在工作中的成绩，吹嘘每天有多少人请求他帮忙等得意之事。然而同事们听了之后不仅没有人分享他的"成就"，反而还极不情愿听他讲这些事。后来还是老父亲一语点破，他才意识到自己的错误行为。从此，他就很少谈自己的成就而多听同事说话，因为他们也有很多事情要吹嘘，让他们把自己的成就说出来，远比听别人吹嘘更令他们兴奋。后来，每当他有时间与同事闲聊的时候，他总是先请对方滔滔不绝地炫耀成就，仅仅在对方问他的时候，才谦虚地表露一下自己。

老子曾说："良贾深藏若虚，君子盛德貌若愚"，是说商人总是隐藏其宝物，君子品德高尚，而外貌却显得愚笨。这句话告诉我们，要敛锋芒，收锐气，千万不要不分场合地将自己的才能让人一览无余。你的长处、短处被同事看透，就很容易被他们支配。

有的人靠一条三寸不烂之舌，说得非常动听，事实只有十分之一，说话却说到十分，虚多而实少。一部分人也许会上他的当，信以为真。这就是吹嘘人的本事。

有的人对某种学问、技术不过初窥门径，还未登堂，更未入室，居然自命为专家，到处宣扬，不认识他的人不易拆穿，这叫作吹得隐秘。有的人对自身经历说得津津有味，某事是他做的，某计划是他拟的，某问题是他解决的。好像他足智多谋，好像他是万能博士，不是参与此事的人，自然无法证实其虚伪，这种人叫吹得有水平。有些人的事业并无什么发展，却能保证任何事都有把握，如，手中的货物如何充分，某批生意能赚多少钱，说得惊为天人，这叫作吹得有能耐。但是这些人终究会被他们的吹嘘所累，害人害己。有的人与某位名人其实并没有多少关系，他却对大家说这位名人如何器重他，谋事都曾和他商量，这些都是自我吹嘘的表现。

某单位的赵女士，每天总是利用一切机会让人们知道她的存在。一位老兄在为儿子差两分没被清华大学录取而苦恼，一旁的赵女士生怕没了机会，插嘴道："真是的，我那儿子也不争气，要升初中了，才考了99分。"旁人不难看出，她到底是自贬还是自夸。一年秋季，她办完调动手续，满以为会被热情欢送，岂料送行的只有一名例行公事的干部。

在与各类人群的各种谈话中，有一些小小的"礁石"，要留心避免。记住，人无完人，即使你在某方面有所成就或者胜人一筹，也并不能说明你在其他方面都出类拔萃。记住：不要沾沾自喜而大肆渲染。

人都会有成功或失败的时候。对经历过一次失败的人，我们绝不能断言他会永远失败。相反，即使是获得了成功的人，如果他总是高枕无忧、骄傲自满的话，也会尝到失败的苦头的。既然这样，嫉妒或排斥成功者的行为就是不可取的。如果有朝一日你也成功了，却遭到了别人的嫉妒，你也会伤心的。

8. 得体的称呼会令人如沐春风

称呼，就是对他人的称谓。怎样称呼他人才能既体现出个人的礼貌修养，又体现出对待他人的态度，同时还反映出双方关系的远近。一个得体的称呼，会令双方如沐春风，为以后的交往打下良好的基础；不恰当或错误的称呼，可能会令对方心里不悦，影响到彼此的关系，甚至导致社交失败。所以，在交际中一定要重视称呼的礼仪。

在社交中，人们对称呼是否恰当十分敏感，尤其是初次交往，称呼往往影响交际的效果。有时因称呼不当会使交际双方产生交际障碍。不同年龄、不同国家、不同地区、不同社会集团之间都有不同的称呼。

有时候，称呼别人不是为了满足自己，而是为了满足别人。

有一位朋友，最近被提升为主任。如果他听到你跟他打招呼，就会显得格外高兴，忙跑过来和你并肩坐。虽然平时他是个不大健谈的人，但与你聊天却显得很健谈。

称呼不仅仅是一种礼貌，不论我们如何称呼人，这其中最主要的是要传达这样的意思："你很重要""你很好""我很重视你"。

使用称呼还要注意主次关系及年龄特点。如果对多人称呼，应以先长后幼、先上后下、先疏后亲的顺序。如在宴请宾客时，一般以先董事长和夫人，后随员的顺序。在一般接待中，要按女士们、先生们、朋友们的顺序称呼。使用称呼时还要考虑心理因素。如30多岁还没有结婚的人，就称之为"老王""老马"，一定会引起这人的不快；对没有结婚的女人称"太太""夫人"，她也一定很反感；但对已婚的年轻女人称"小姐"，她一定会很高兴。

此外，称呼应该根据社会习惯来进行，例如称呼一般分为职务称、姓名称、职业称、一般称、代词称、年龄称。职务称："经理""科长""教师""医生""律师""法官""教授"等；姓名称：一般以姓或姓名加"同志""先生""女士""小姐"等；职业称：是以职业为特征的称呼，如"上尉同志""秘书小姐""服务员"等；一般称："太太""女士""小姐""先生""同志""师傅"等；代词称：用代词"您""你们"等来代替其他称呼；年龄称：主要是以亲属名词"大爷""大妈""伯伯""叔叔""阿姨"等来相称；对工人：比自己年龄长的可称"老师傅"，与自己同龄或比自己小的人可称"同志""小同志""师傅""小师傅"；对农民：比自己年长的可称"大伯""大娘""大妈"，与自己同龄或比自己小的人可称"同志"，在北方也可称"大哥""大姐""老弟""小妹"等；对经济界人士：可用"先生""女士""小姐"等相称，也可用职务相称，如"董事长""经理""主任""科长"等；对知识界：可以用职业相称，如"教授""老师""医生（大夫）"，还可以用"先生""女士""太太"等相称；对文艺体育界：可用职务称，如"团长""导演""教练""老师"等，对于一般的演职员、运动员，就不能称"××演员"或"××运动员"，而

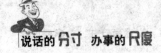
要称呼"××先生"或"××小姐"。

一般来说，对陌生人的称谓，可用以下几种方法：一是用通称。可根据人的具体年龄、性别、职业等情况称"同志""朋友""师傅""先生""小姐"等。对男人一般可以称"先生"，未婚女子称"小姐"，已婚女子称"夫人"或"太太"，若已婚女子年龄不是太大，叫"小姐"，对方也绝不会反感。而称未婚女子为"夫人"就是极不尊重了。所以，宁肯把"太太""夫人"称作"小姐"，也绝不要冒失地称对方为"夫人""太太"。一般说，成年的女子都可称"女士"。二是可以亲属称谓相呼。可根据对方的性别、年龄等情况，以父辈、祖辈、平辈的亲属称谓相称，如"大伯""阿姨""老爷爷""大娘""大嫂""大姐"等。称呼对方"大嫂"还是"大姐"时，须谨慎，因为对方是否已婚不好确定，在没有把握的情况下，称"大姐"比较稳妥。

最后对自己的亲属，一般应按约定俗成的称谓称呼，但有时为了表示亲切，不必拘泥于标准的称谓。但对外人称呼自己的亲属，要用谦称。称自己长辈和年龄比自己大的亲属，可加"家"字，如"家父""家母""家兄"称辈分低的或年龄比自己小的亲属，可加"舍"字，如"舍弟""舍妹""舍侄"等。至于对自己子女的称呼，可称"小儿""小女"等。

在称呼的同时，还要注意一些问题：

（1）记住对方姓名

姓名不仅是将自己与他人的存在予以区别的标志，不少人的名字还凝聚着父母对子女的期望。出于自尊，每个人都会重视和珍爱自己的名字，同时，也希望别人能记住和尊重它。因此，当自己的名字被别人叫到时，就认为自己受到了尊重，内心会感到高兴，对称呼自己的人备感亲切。古今中外，一些领导人、政治家和企业家对大众心理心情很了解，与人寒暄时，不是只说句"您好"，而是在"您好"前面或后面冠以对方名字，这样能拉近与群众的距离。我们对久别之后仍能一下子叫出自己的名字的人，总是感动万分、钦佩不已。

（2）要注意语言环境和称呼对象的不同

在日常生活中，与我们比较熟悉的朋友或同事，我们对其称呼就可随便点，甚至可以叫小名、绰号，夫妻、恋人之间私下里还可用昵称，这样更为亲切、自然，可以增加彼此之间的感情。但在公众场合，尤其是在会场上、课堂上，叫别人的小名、绰号，就会显得不严肃、太放肆，应当以"××同志"或"××同学"相称。称呼不太熟悉的人、长辈、领导和老师，也都不宜用小名和绰号，否则就会显得不尊敬。所以，运用称呼语时，应特别注意语言环境和称呼对象。在不同的语境中，对不同的称呼对象，应运用适当的符合人身份、地位及体现与自己关系的恰当称呼语。

（3）有礼有节有序

在与多人打招呼时，如果群体中有年长者，也有年轻人或

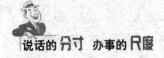

异性在场，就要注意称呼的顺序。一般来讲，应先长后幼，先上后下，先女后男，先生疏后熟识为宜。称呼最能表达说话人的道德修养、知识水平和文明程度，也体现着他的交往技巧。称呼顾及长幼的顺序，会使年长者觉得受了尊重，年轻人也心中坦然；如顺序颠倒，不但会使年长者不满，年轻人也会感到窘迫。再者应注意尊重女性，在与一个同样年龄、身份的群体打招呼时，先称呼女性，会使对方感到你有较高的素养，更乐于与你交往。

俗话说，"良言一句三春暖"，称呼得体，是交流的好开端，可使后续沟通顺畅、交往成功。反之，称呼不得体往往会引起对方的不快甚至愠怒，使双方陷入尴尬境地，造成交往梗阻甚至中断。由此可见，称呼得体与否在很大程度上决定着人们交往活动的成败。因此，不论是从事何种职业的普通人，还是职务在身的领导或管理者，要想生活愉快、事业发展，都需要注意研究人际称呼的技巧，努力提高自己的说话艺术。

9. 说话有分寸，做事有尺度

同陌生人说话的时候一定要讲究分寸和水平。分寸拿捏得好，很普通的一句话，也会平添几许分量，话少又精到，给人感觉话在出口前经过了深思熟虑。而说话的分寸决定于与你谈话的对象、话题和语境等诸多因素的需要。换句话说，要言之有度。

那么这个"水平"主要表现在哪些方面呢？一是说话不能清晰地表达你所想要表达的意图，别人可能悟不明白、理解不透、琢磨不出你的真实用意，你提出的想法或要求也不会被人重视和接受，非但事情办不成，也常常被人瞧不起，这样怎么能获得别人的欣赏与亲近呢？怎么能赢得别人的友谊和器重呢？二是话说得太过头不行，要求太高、言辞太尖刻，都会让人听了不愉快，觉得你不识大体、不懂规矩、不知好歹，这样的人常常被人敬而远之，也同样无法与人正常交往。讲究分寸是一种很重要的说话艺术，说话是否有分寸，与我们办事成败有着很大的关系。

从前，有一个爱说大实话的人，什么事情他都照实说，所以，不管他到哪儿，总是被人赶走。最后变得一贫如洗，无处栖身。

他来到一座修道院，指望着能被收容进去。修道院院长向他问明了原因以后，认为应该尊重那些热爱真理、说实话的人。

于是，院长把他留在修道院里，他安顿了下来。修道院里有几头牲口已经不中用了，修道院长想把它们卖掉，可是他不敢派手下的人到集市去，怕他们把卖牲口的钱私藏腰包。于是，他就叫这个人把两头驴和一头骡子牵到集市上

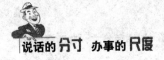

去卖。

这人在买主面前只讲实话说："尾巴断了的这头驴很懒，喜欢躺在稀泥里。有一次，长工们想把它从泥里拽起来，一用劲，拽断了尾巴；这头秃驴特别倔，一步路也不想走，他们就抽它，因为抽得太多，毛都秃了；这头骡子呢，是又老又瘸。如果干得了活儿，修道院长干吗要把它们卖掉啊？"

结果买主们听了这些话就走了。这些话在集市上一传开，谁也不来买这些牲口了。于是，这人到晚上又把它们赶回了修道院。

修道院长发着火对这人说："朋友，那些把你赶走的人是对的。不应该留你这样的人！我虽然喜欢实话，可是，我不喜欢那些跟我的腰包作对的实话！所以，老兄，你滚开吧！你爱上哪儿就上哪儿去吧！"就这样，这人又被赶出了修道院。

成年人无论处在何种地位，都喜欢听好听的话，喜欢受到别人的赞扬。毕竟工作很辛苦，虽然能力有大有小，但都尽了自己的一分力量，当然希望自己的努力得到他人和社会的承认，这也是人之常情。

一个善于说话的人，做事时一定会避其锋芒，即使觉得某人干得不好，也不会直言相对。那些耿直的人，此时也许要实话实说，这让人觉得他们太过鲁莽。在特定的场合显示一下自己的锋芒，是很有必要的，但是如果太过，不仅会刺伤别人，也会损害自己利益。

要想理解真话不被接受的情况，换一个角度就会看到，个体行为的一个基本规律是趋利避害。可以想象一下，如果有的人对人总是以诚相待、直言不讳，人们一定会认定他是一个值得信赖的好人，所以乐于与他深交，并在人前人后夸赞他，这样他自己也会感自豪。也就是说，用真诚赢得了回报，获得了好处，何乐而不为啊！

如果情况与此大相径庭，比如，某人认为同事的衣服难看，便马上对她说："腿短而粗的人不适合穿这种裙子。"结果，同事脸一沉，扭头便走。实话固然是实话，但时间长了别人就会对他产生怀疑，认为他惯于以打击别人来抬高自己，这样就不是什么明智之举。

并不是所有的话题，在任何时间、任何地点，都适合拿来公开谈论、直言不讳。要塑造成功的人设，就须懂得掌握说话做事的分寸。说话时的动作、表情、举手投足都要有分寸，过于直言会让人产生厌烦的感觉，会对日后的人际交往产生很大的阻碍。

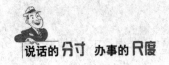

10. 说话留空间，做人有余地

给膨胀的气球留一定空间，便不会因再灌一些空气而爆炸；杯子里不倒满水，就不会再多加一滴水而溢出来；人说话留有余地，便不会因为一言不合而下不了台。

说话留有空间，不把话说得太满太绝，是人际关系的一种策略。

某公司新研发了一个项目，老板将此事交给了下属刘玉，问他："有没有问题？"刘玉拍着胸脯回答说："没问题，放心吧！"过了三天，没有任何动静。老板问他进度如何，他才老实说："不如想象中那么简单！"虽然老板同意他继续努力，但对他拍胸脯的态度已有些反感。

这是把话说得太满而使自己身陷窘境的例子。

小丽的小孩要上初中，想进一所好学校，小徐在与小丽的闲谈中知道了这件事之后，主动自荐自己认识教委的人，和他们很熟，而且话说得很坚决。他告诉小丽不要再找别人了，他一定能办成。

于是，小丽就把宝都押在了小徐的身上。谁知道都要开学了，小徐也没把事情办成。小徐把话说得太满，不给自己也不给他人留有余地，结果把事情弄得一团糟。

因此我们在各个方面都应该留有余地。在做事方面，对别人的请托可以答应接受，但不要"保证"，代之以"我尽量""我试试看"的字眼。上级交办的事当然得接受，但不要说"保证没问题"，代之以"应该没问题，我全力以赴"之类的字眼。这是为了万一自己做不到而留的后路，这样说事实上也无损你的诚意，反而更显出你的谨慎，即便事没做好，也不会受责怪。与人交谈时，如果出现意见分歧，不要口出狂言，更不要说出"势不两立"之类的话，不管谁对谁错，最好求同存异，以便为他日合作留有余地。尤其应该注意的是，对人不要太早下评断。像"这个人完蛋了""这个人一辈子没出息"之类属于盖棺定论的话最好不要说。

说话不留余地等于不留退路，要么成功，要么失败的简单逻辑已经不适合复杂多变的人际关系。为此付出的代价有时是你无法承受的，因此与其与自己较劲儿，不如改变一下说话的方式，多用一些不确定的语言，给自己留点儿余地。

人生一世，万不可使某一事物沿着某一固定的方向发展到极端，而应在发展过程中充分认识其各种可能性，以便有回旋余地采取机动的应付措施。留余地，就是不把事情做绝，不把事情做

到极点，于情不偏激，于理不过头。

据说李世民当了皇帝后，长孙氏被册封为皇后。当了皇后，地位变了，她的考虑更多了。她深知作为"国母"，其行为举止对皇上的影响相当大。因此，她处处注意约束自己，处处做嫔妃们的典范，从不把事情做过头。她不喜欢奢侈，吃穿用度，除了宫中按例发放的，不再有什么要求。她的儿子承乾被立为太子，有好几次，太子的乳母向她反映，东宫供应的东西太少，不够用，希望能增加一些。她从不把资财任情挥霍，从不搞特殊化，对东宫的要求坚决没有答应。

她说："做太子最发愁的是德不立，名不扬，哪能光想着宫中缺什么东西呢？"她不干预朝中政事，尤其害怕她的亲戚以她的名义结成团伙，威胁李唐王朝的安全。李世民很敬重她，朝中赏罚大臣的事常跟她商量，但她从不表态，从不把自己看得特别重要。皇上要委她哥哥以重任，她坚决不同意。李世民不听，让长孙皇后的哥哥长孙无忌做了吏部尚书，皇后派人做哥哥工作，让他上书辞职。李世民不得已，便答应授长孙无忌为开府仪同三司，皇后这才放了心。此后的朝政官任中，长刊、无忌也经常受到皇后的教导，成为一代忠良。

长孙皇后得意时不把各种好处占全，不把所有功名占满，实在是很好地坚持了为自己留余地的天规。

　　把话说得太满，并不能与自信画上等号。话说七分满，反而是一种谦虚的人生哲学。从一个人说话的态度，可以看出他的自信，真正有自信的人，懂得谦卑，不会把话说得太满。不要把话讲得太满，进可攻，退可守，这才是成功的做人之道。

　　《周易》曰：物极必反，否极泰来。这句话的意思是说，行不可至极处，至极则无路可续行；言不可称绝对，称绝则无理可续言。做任何事，进一步，也应让三分。古人云："处事须留余地，责善切戒尽言。"